U0140118

一本給你、你隔壁的鄰居，以及所有偶爾在淋浴間哭泣、懷疑自己或在人生的障礙賽道上苦惱的數百萬人的情緒指

臨床心理學家教你重寫情緒劇本，遠離脫軌人生

The Emotional Trap

Siri Helle

情緒陷阱

希莉・赫勒
陳珮榆 譯

情緒陷阱

本書裡的所有例子都是受到真實案例的啟發，為顧及隱私，細節已經過修改。我希望讀者們能夠在這些例子中看到自己的影子——畢竟，無論經歷過什麼，我們和其他人還是有很多相似之處。

「行動似乎是跟著感覺走的，但實際上，行動和感覺相輔相成；透過調節更受意志控制的行動，我們可以間接調節不受意志控制的感覺。」

——威廉．詹姆斯（William James），心理師（一九二二年）

「動動你的屁股，心情也會隨之搖擺。」

——法蘭克．穆勒（Frank Möller），電音龐克藝術家（二〇〇六年）

目錄

序

在布幕後方等待的我，眼睛盯著台上用紅色字母拼寫的「TED」，彷彿被催眠一般。我想上廁所。一如往常，每次緊張時，我總是要喝大量的水來緩解口乾舌燥，卻陷入了不斷喝水和跑廁所的無限循環。

但現在想去已經來不及。差不多就快輪到我了。

這一切都太不真實了。才三年前，我還像個行屍走肉般穿梭在不同的心理學課堂之間。說害羞只是輕描淡寫，有時候我連和同學閒聊都會結結巴巴。我曾經把兒時的作家夢想揉成一團，連同失敗了幾次的小說一起丟進垃圾桶。

不過，如今我已經是一位作家，而且不只這樣。我即將推出共同執筆的非小說著作，也就是我待會要在TEDx發表的演講內容，並預計翌年春季出版我的首部小說。甚至在畢業之前，我已經在四十萬名聽眾前進行了我的廣播首秀，還為瑞典最大的日報撰稿。

彷彿變魔術般，曾經阻礙我的所有事物——缺乏動力、自我懷疑、擔憂和焦慮——都不再是問題。這些問題並未完全消失（我總是會想上廁所就是一個明顯的跡象），只是不再掌控我的生活。我現在是自己生命的主宰者。

但這絕對不是變魔術。完全不是！這一切都源自我在攻讀心理學期間學到的一個簡單原則。與認知行為療法（CBT）用來治療憂鬱、克服恐懼和管理嚴重焦慮的方法如出一轍。

我發現自己提出了與許多成功治療後的案主相同的問題：何不讓每個人都知道這個原則呢？

「我們熱烈歡迎下一位嘉賓，希莉．赫勒！」

即使緊張，你還是可以進行一場TEDx演講。

我深吸一口氣，笑著走上講台。

玫瑰不叫玫瑰依然芬芳

別誤會，擁有情緒是件很棒的事。情緒可以使人變得堅強、無私，給人勇氣捍衛自己的信念，激發動力去迎接生活的挑戰。

不過，情緒也可能造成阻礙、產生重大的負面影響。情緒可能使人做出衝動、不合邏輯，甚至是自我毀滅的行為。每個人都有絆倒自己的獨特弱點。你可能會說，自己最大的問題是拖延、焦慮、自卑、過度思考……，說法很多種。我稱它為「情緒陷阱」（emotion trap），接下來我將教你如何克服。

情緒陷阱是指你根據感覺行事，即使當下感覺正確，但長遠來看只會讓事情變得更糟。你在日常生活中能辨識出這些典型的情緒陷阱嗎？

- 你原本應該認真進行某項工作，卻一直滑手機、吃零食或摸東摸西地拖延時間。

- 你蹺掉健身課，因為窩在沙發上更吸引人。
- 你夢想著如果自己更有自信心或動力就能完成許多事情，卻從未真正去做任何一件事。
- 讓恐懼阻礙你的夢想。
- 表現焦慮（performance anxiety）讓你動彈不得，因為你對自己的期望過高，甚至比你對別人的期望還要高。
- 你忙著思考已發生的問題或可能發生的可怕事情，以至於難以享受當下。
- 你繼續從事一份讓人心力交瘁的工作，或維持一段沒有愛的關係，因為你的內心深處覺得自己配不上更好的人事物。
- 你把金錢揮霍在酒精、賭博或購物上，藉此來麻痺難受的心情。
- 你花費數小時上網搜尋症狀，說服自己患有極為罕見且危及生命的疾病。
- 雖然知道自己應該放下並繼續生活，卻還聽著《寫給你的歌》（your songs），為前任留下的毛衣哭泣。

- 你追求社群媒體的按讚數和華而不實的小玩意，卻仍感覺自己未被真正看見。
- 你拚命工作是為了有時間好好放鬆。可是很怪，似乎永遠不會有好好放鬆的那一天。
- 你花了好幾個小時在煩惱為什麼自己會碰上這樣的事情，而不是試圖解決這個情況。
- 一直說服自己不在意某件事，行為舉止卻一再證明自己其實非常在意。
- 你糾結於嫉妒的幻想，這些幻想可能會威脅到你的現實生活關係。
- 你因為心情不好取消計畫。但即使待在家裡悶悶不樂，重溫舊電視節目，沉溺在負面情緒裡，也不可能讓你感覺變好。

我相信你可以舉出很多例子，說明在什麼樣的情況下，你會感覺是自己的情緒在替你做決定。情緒陷阱的狡猾之處在於，往往當下讓人感覺是正確的選擇。按照個人衝動行事會帶來一種暫時的放鬆和安慰感。等到事後被迫面對自己行為的後果時，你才會意識到自己的錯誤。

情緒陷阱無法解決你的問題。一旦你在某個障礙上跌倒過，更有可能一再重複相同的錯誤。然後，隨著問題惡化，與之相關的不快感也會加劇。萬一你真的很不幸，你可能會陷入難以自拔的惡性循環。

如果你是那種容易陷入這種自毀模式的人，你並不孤單。當你讀完這本書，就會了解為什麼你老是掉進相同的陷阱，並且會知道如何擺脫它們。你將擁有重新掌控自己和改變日常生活行為的工具。

或許聽起來是相當遠大的承諾。表面上看，這些問題天差地別，不過本質上都是基於相同的心理機制。

你可能認為感覺是某種抽象和多餘的東西——也許你會把情緒的概念與浪漫喜劇和草本茶聯想在一起——但事實上，情緒是不可或缺的生物機制。你的衝動是由演化和個人生活經驗塑造而成的情緒反應。它們的存在是為了確保你的生存。大多數時候，這種設計都能妥善發揮作用，不過偶爾也會出現問題，這就是我所謂的情緒陷阱。好消息是，幾十年來的心理學研究已經證明，這個系統是可以「破解」的。你可以使用一套多年前就該教給大家的心理學方法，來重新調整自己。

我把這套心理學方法稱為**行為原則**（behaviour principle）。按照你想要擁有的感覺（而不是你已經擁有的感覺）行事，就可以打破既定的模式。行為上一點微妙但有意識的改變，可以啟動心理回饋迴路，從根本上改變你的想法和感覺。如果你表現得冷靜，壓力就會下降。如果你表現得勇敢，恐懼就會減少。你把負面循環轉變為正面循環，掌控自己的生活。與其在情緒和根深蒂固的思維模式中掙扎，不如走捷徑。

表面上聽起來像是Instagram上的一句勵志名言。假裝到你成功為止。不過，行為原則與一般的老生常談之間有一些重要的區別，我們很快就會討論到。這不是要你忽視、禁止或否認令人難受的情緒，也不需要極大的動力或非常堅強的心理狀態。行為原則是一種工具，可以讓我們循序漸進，充滿同情心地迎接生活中的挑戰，將新的想法和感受帶入日常生活，並注意到這些可能比想像中更頻繁地左右你我的生活。

這不是我自己編造出來的（儘管有時我喜歡做白日夢）。我的一半青春都投注在翻閱自助書籍，然而攻讀心理學期間，卻驚訝發現許多「古老的真理」被科學證明的方法所推翻掉。身為臨床心理師，我參與過無數次的認知行為治療，每天向六名案主解釋相同的原則。幾年後，我開始思考能不能用效果更好的方法來傳達這個訊息。

我曾在私人診所、基層醫療和專門治療嚴重焦慮和憂鬱的診所工作過，後者的服務對象是針對先前至少嘗試過兩種治療方式但未見成效的重症患者。然而，我一遍又一遍地聽到同樣的話：「為什麼以前都沒有人跟我說過？」

現在讓我告訴你，這樣我們十年後就不用在心理治療過程中見面了。十年後，我希望你在環遊世界，與畢生的摯愛幸福地生活，夢想的事業蓬勃發展，或是正在實現你今日受到情緒陷阱阻礙而無法完成的任何願望。

如果是你正在面臨非常嚴重的心理問題，那麼請放下這本書，找個可以交談的對象，最好是醫師或心理師。但如果你和我一樣，面對正常程度的焦慮、壓力或缺乏動機的困擾，我有些重要的經驗要與你分享。當然，我無法知道你此時在處理哪些情緒。我是心理師，不會讀心術（儘管大家經常把兩者混淆）。因此在本書裡，我將著重探討最常見的挑戰：自尊心、愉悅感、動機、焦慮和壓力。畢竟，你手中拿著的是一本讓生活變得更快樂一點、更有效率一點的手冊。

由於困在情緒陷阱裡苦苦掙扎的人絕非只有你，所以你也將獲得一些建議，以幫助那些不斷傷害自己的朋友。你可以為他人的改變提供寶貴的支持。

不過，在深入探討情緒陷阱和行為原則之前，讓我們回歸基礎知識。你需要上一堂人類心理學的簡單入門課程。

心理學速成班

人類的心理狀態讓人捉摸不定，但我們不必把它弄得太過複雜。你會發現，只要將人類心理學簡化成三個元素：思想、感受和行為，就能理解得很深入。

思想——不要相信你的所有想法

我們傾向於以為自己的想法是客觀事實。遺憾的是，大量的心理學研究都表明實際情況並非如此。看看以下案例：

- 英國有項研究指出，將近半數的受訪者表示，記得曾在電視上看到戴安娜王妃車禍身亡的鏡頭。然而問題是，電視台從未播過這樣的畫面。
- 百分之九十七的瑞典駕駛人認為自己的開車技術有達到平均值以上。
- 受訪者觀看一段影片，其中有位老師表現出熱情友善的樣子，另一位表現出冷淡不悅的樣子。當老師態度親切時，他們會覺得他的法語口音和外表很迷人；當老師態度不佳時，他們會覺得他的法語口音和外表令人反感。

思想是每天在你腦中發生的有意識的過程，通常以文字或心理圖像（mental

images）的形式呈現。

身為人類，你具備抽象思考的能力，還可以在過去、現在和未來之間進行跳躍性思考。這些驚人的能力讓你能夠計劃、想像和解決問題。

遺憾的是，這些超能力是有代價的。它們不僅使人類能夠建立複雜的社會，包括冷凍披薩和自駕車，也造成了某種情況，讓你坐在陽光下享受咖啡的同時，卻為週四即將進行的簡報備感壓力。

人的大腦不像電腦程式那樣完美無瑕，無法像電腦一樣掃描周圍環境、處理資料，並計算出最符合邏輯的結論。前述常見的偏見並不是英國人和瑞典駕駛人的專利。記憶會改變，每次回憶都會被「改寫」（「我發誓，那條魚至少有五公斤！」）。荒謬的想法從你欽佩的人口中說出，可能聽起來棒極了。你的心情會影響你對訊息的解讀，這就是為什麼企業會試圖用免費禮物來討好你，以贏得你的忠誠。

思想提供了關於世界的重要資訊，但你不應該相信你所有的想法。記住這一點——這是稍後會很重要的課程。

感受——釋放信號給你和周遭的人

感受是一種內在狀態，由於外界環境和內心發生變化而引起的反應。如同思想一樣，感受也具備各種功能。

- **給自己的信號**。感受幾乎能夠及時提供你在任何特定情況中的經驗資訊。例如，恐懼是你可能處於危險之中的信號，而羞愧是你違反了社會規範的徵兆。
- **與他人溝通**。你表達情緒的方式會將你內心的狀態傳達給周圍的人。這對於像人類這樣的群體動物非常有用。如果有人皺著眉頭，看起來快要發火，那麼你會盡量避免礙到他們的路。
- **為行動做好心理準備**。人在害怕時，一點風吹草動都會驚慌不已，然而好奇心興起時，就會鼓起勇氣去探索。感受會使人對情況做出更快更恰當的反應，而不是停下來分析發生了什麼。

儘管感受擁有許多必要的功能，但未必準確。例如觀看恐怖片，即使是坐在安全的地方，捧著一碗爆米花，仍可能讓你感到非常害怕。

你可以同時感覺到多種情緒，而這些感覺可能相互矛盾。如果你的某位朋友中了樂透，你自然會感到既高興又嫉妒，即使文化期望你只表達高興的情緒。你的文化背景定義了社會規範，告訴你應該展現哪些感受、如何展現以及何時展現。當然，這些規範一直在變化。例如，現在人們越來越能夠坦然說出自己不好的感受。

要擅長界定自己的感受需要大量的練習。個人的成長經歷和周圍人如何回應你的情緒反應，都會影響著你。你也許會對摔倒哭泣的小孩說：「小可憐！痛嗎？」然而，如果你從小被灌輸有情緒是不對的，需要加以控制，那麼成年後，你可能會發現自己很難判定在不同情境下的真實感受。

感受提供了重要訊息，但它們並不是預言。

舉例來說，如果你將忙碌一整天以後的疲憊與有人把髒碗盤留在廚房料理台的氣憤感混為一談，就會造成問題。這也可能導致你超出自己的極限，即使身體試圖警告你已筋疲力竭，你仍然會繼續接下更多的負擔。

你可以透過注意自己的感受並用言語表達來練習情緒的自我覺察。最常見的困難是區分感受和想法。感受通常可以用一個詞來標籤，比如「生氣」、「失望」或「焦躁」。因此，「我覺得自己像個白癡」並不是一種感受，而是一種可能夾帶著羞愧感的想法。

行為──你總是在做某件事

最後同樣重要的是，我們來談談行為，或者說動作。行為包含那些微小且不太顯眼的動作，比如緊握拳頭或避免眼神交流，或者是完整的過程，比如參加派對或辭去工作。

不起眼的行為往往被人忽略，但這些在你的生活和人際關係中扮演著重要的角色。我在心理治療過程中碰到一個例子，有些人和朋友出去玩的時候，會覺得被冷落和無聊。這可能是因為他們坐在旁邊自我反思，而不是參與朋友間的對話或引導話題到自己感興趣的方向。

你總是在做某件事。即使你說自己「沒做什麼事」，你仍然在參與某種行為，比如躺在床上凝視著天花板（任由你的思緒自由發揮，一遍遍重播你在午餐時講笑話沒人笑的尷尬記憶）。

因此，停止做某件事的最有效方式通常是開始做別的事情。最好是選擇一種與原本的問題行為具有相同的目的，但長久下來對你更有益的行為。例如，很多人想減少使用螢幕的時間，但他們發現自己在焦躁不安或無聊時很難把手機放下。與其陷入自我批評的迴圈，或許更好的辦法是解決煩躁不安本身——比如約朋友見面或培養興趣愛好。

心理學三角

思想、感受和行為這三個基本元素，彼此有關聯且相互影響。我們稱之為心理學三角。如果改變三角理論的其中一角，另外兩角也會受到影響。或許聽起來淺顯易

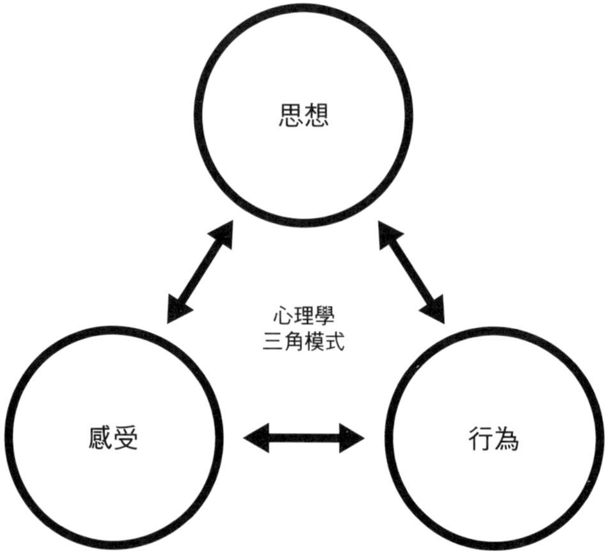

懂，但等到你真正理解這種關聯性程度，就能開始解讀最初看起來令人困惑的人類行為。

想像你正在約會。

你的想法會影響你的感受。如果你滿腦子都在想自己犯的錯誤，就會感到相當緊張和尷尬。

你的想法會影響你的行為。你可能會找個藉口溜走，而不是主動要求第二次約會。如果你認為自己一定會被拒絕，倒不如自己先避免受到羞辱。

你的感受會影響你的想法。如果

你對約會對象有好感，也許還有點醉意，他們拙劣的笑話可能都會讓你覺得逗趣。反之，如果你工作了一整天，脾氣暴躁不耐（更不用說花大錢買了一份比小點心還少的主菜，失望萬分），那麼他們企圖展現幽默的舉動可能都會讓你覺得惱怒。

你的感受會影響你的行為。如果你的內心（或其他身體部位）說「好」，那麼即使你的理智告訴你這是個壞主意，你可能還是會同意再見對方。

你的行為也會影響你的想法和感受。有些人疑惑為什麼他們從未遇見真正喜歡的人，其中一個可能的解釋是，他們在約會時從不引導對話到真正能激發親密和連結的話題。他們可能只是停留在表面的閒聊，讓約會感覺像是一場求職面試。

還有一些人似乎總是愛得死去活來。這可能是因為他們花太多時間表現「愛的行為」，比如企圖贏得對方的認可或者幻想著未來，即使他們其實並沒有太多共同之處。

心理學三角所產生的一個結果，就是我們的思想、感受和行為會不斷變化。當你傷心欲絕時，感覺彷彿這種痛苦會永遠持續，但隨著生活的變化和你嘗試新的事物，即使是最強烈的思念和情感也往往會改變。無論是快樂還是不快樂，沒有什麼是永恆不變的。

我們不會經常思考心理學三角怎麼互動，所以這些反應多多少少是出於本能，這是好事。正如之前提到的，人類憑感覺行動的能力是我們演化過程中的一項重要資產。害怕時，我們會退縮。遭逢壓力時，我們會更加努力工作。在一個只要猶豫不決就可能成為獅子囊中物的環境中，這些反應完全合理

不過很可惜，這並非毫無漏洞的系統。回想過去幾天，你在什麼情況下做出了事後覺得不理智的行為。當時是哪些感受影響了你的行為呢？睡眠不足、壓力或害怕失去某些東西都可能讓人變得衝動。在前面的幾秒鐘裡，你的腦海中閃過哪些念頭？*這件事或許拖到明天再做就好*，或者，*他們存心想氣死我*。

我們的反應行為似乎突如其來。但仔細觀察，你幾乎總是能找到潛在的想法和感受，這說明了人為什麼會表現出特定的行為。

情緒陷阱

這些就是可能出現問題的地方。

情緒陷阱指的是，即使這樣做會帶來問題，你還是任由自己的情緒衝動行事。也就是說，即使這種行為與你的長期利益完全不一致，你還是允許心理學三角中的感受來主導行為。而且狡猾之處在於，你所做的事情可能在當下感覺完全合理。感受會左右你的想法，很容易想出各種理由和藉口來解釋為什麼最好聽從自己的衝動。也許只有在最初的感覺消退後，你才會意識到自己的錯誤。

這些聽起來可能有些愚蠢，但請記住，我們只是在太空中高速運動的星球上的靈長類動物，真的不應該對自己期望太高。

人類大腦的進化是透過附加一系列的新功能而來，並非編輯。我們大腦的基礎與其他動物物種大致相似。這個大腦驅動的核心通常被稱為邊緣系統（limbic system）（儘管近幾十年的神經心理學研究顯示，不同的過程實際上並非以統一的系統運作），專注於生存、避免危險和尋求即時的報酬。

前額葉皮質（prefrontal cortex）是大腦相對較晚進化出來的部位，能夠促進邏輯思維。在你需要計劃、保持自我克制和從事複雜決策的時候，這個區域就會啟動。前額葉皮質能夠抑制來自邊緣系統的衝動。但如果這些衝動太強烈，比如恐懼，就可能會壓過前額葉皮質的邏輯論點。在某些情況下，如喝醉和疲勞，也可能暫時損害前額葉皮質的功能。

這時情緒陷阱可能就真的變成了陷阱。你的情緒衝動是短暫的，它們尋求即時的報酬。短時間內，發脾氣、持續對某事感到緊張或忽略問題可能讓人感覺良好。但根本問題依然存在，甚至可能變得更糟。

如果你運氣不好，情緒陷阱可能會陷入消極的螺旋（negative spiral）。每次在心理學三角中繞一圈，你就離解決方案越來越遠。你的不安、挫折和疲憊感會惡化。你的想法變得越來越負面。「我真是沒用」，你這樣想。「我就是這樣，老是搞砸。」

你的行為也會越變越極端。之前或許能緩解不安的行為已經不再有效，因為你的想法和感受變得更強烈。你將更多的時間用於分散注意力，反覆檢查確保一切沒問題，或者躺在床上擔心所有可能出錯的事情。有些人試圖用賭博、酗酒或狂歡的方式來麻痺焦慮。即使這樣能夠暫時緩解焦慮，但遺憾的是，通常只會讓問題長期下來變得更糟。

情緒陷阱可能導致陷入一種在外界看來完全難以理解的行為模式。甚至你自己也這麼認為。那為什麼你還會留在一段只讓彼此受傷的關係裡呢？為什麼不追求自己的夢想？明知道這是有害的行為，為什麼你會傷害自己或讓自己挨餓？答案是：因為它提供了暫時的解脫感！短時間內跟著感覺走很好，或者至少感覺不會那麼糟，卻很容易讓人忽略三分鐘、三天或三十年後所引發的問題。

嘗試、測驗和失敗的解決方案

那麼關於情緒陷阱，我們能做些什麼呢？當你在心理學三角中繞了幾圈後，你會開始意識到沒什麼作用。需要做些改變。

許多人開始從痛苦的根源下手：感受。然而，正如我們所見，感受本身並不是真正的痛苦根源，只是對已經發生的事情所產生的反應。但是，當你掉入情緒陷阱時，感受往往像是整個災難的罪魁禍首。

也許你會試圖振作起來，努力單憑意志力改變對事物的感覺。你決定停止沉浸在悲痛之中，減少擔憂，選擇「感受幸福，不再受到壓力困擾」。也許你會壓抑自己的情緒，假裝什麼都感覺不到。這樣……就好了。不幸的是，人類的心理沒有遙控器可以改變情緒的頻道。不管你喜不喜歡，感覺都在，而且伴隨著無法擺脫的沮喪和失望。

另一種方法是透過思想。所有的藉口、自我懷疑和辯解都發生在腦海中。只要你能贏過與自己的辯論，就能掙脫束縛！整個產業都圍繞著這個問題蓬勃發展，書籍、課程和講座都致力於一個共同目標：教你掌握自己的想法。透過積極的想像力或明智的思考方式，專注於提升自己的心理素質，以及任何可以幫助你克服內在批評、說服自己做正確事情的方法。有時候這樣的做法是有效的。當你理性思考時，可能會意識到自己反應過度或者過於魯莽。你可以獲得新的見解，促使自己做出改變。有時候，這就是你成功打破惡性循環所需要的一切。

但如果你運氣不好，這種效果就會像念頭本身一樣轉瞬即逝。你雖然暫時感到平靜，只是一分鐘後又開始想到一切可能出錯的情況。你感到充滿幹勁，只是第二天又發現自己窩在沙發，腿上擺著一碗洋芋片。這往往是人們陷入困境的原因。當然，我們的文化告訴我們，大腦一定是解決問題的關鍵。俗話說，改變是由內而外的。你可以壓抑自己的感覺，也可以使自己的想法合理化。之後，只剩祈禱一切順利。

不過，還有第三種選擇：你可以從改變你的行為開始。

行為原則

抗拒自己的衝動雖然感覺不好，但這是辦得到的事。即使感到緊張，你仍可以決

改變你的行為，就可以改變你的思想和感受。

定在工作中主持會議，並且堅持每週都這樣做，直到習慣為止。即使缺乏藝術靈感，你還是可以拿起畫筆開始作畫。你可能覺得自己沒有心情參加派對，還是可以放上你最喜愛的音樂，好好打理頭髮。你可能會有不對勁的感覺。思緒會告訴你這是個壞主意，沒有嘗試的價值。你的情緒可能會抗議，並且「提高音量」，試圖讓你明白這一點。

不過，採取行動真的有效。接下來是最精采的部分：由於思想、感受和行為都是相互關聯的，所以改變你的行為，就會逐漸影響你的思考和感覺。從行為入手，就可以改變整個心理學三角的動態。

我把這稱為**行為原則**（behaviour principle）。改變你的行為，就可以改變你的思想和感受。與其按照當前的感覺行事，不如改成按照你想要的感覺行事。經過一段時間，這些感覺就會真的出現。

從行為入手的優勢在於，行為不同於思想和感受，更容易靠純粹的意志力來控制。在你感到毫無動力和不情願的時候，清理地下儲藏室可能不是什麼有趣的事情，但完全是辦得到的工作。

在行為原則產生效果之前，通常會有一段時間的延遲。舉例來說，如果你很害怕胡蜂（wasp），且習慣一有機會就趕緊殺死牠們，那麼如果你靜坐不動，任由牠們在你耳邊嗡嗡作響，你的恐懼就會升級。只有在你靜坐了一段時間，發現牠們並不會攻擊你時，你的恐懼才會漸漸消退。改變的行為（保持不動）產生新的想法（也許牠們根本沒那麼危險），進而感受到前所未有的平靜，或者至少是減輕的恐懼感。

等待改變的過程可能令人難熬。特別是如果你不熟悉心理學三角的概念，不知道這種痛苦只是暫時的。這也是為什麼行為原則很難自行發現。不過，只要稍有耐心（尤其是如果你重複多次相同的行為），就能取得持久的效果。

訣竅是從小處開始，在行為上做出一點小小的改變——能使你走出舒適區，但仍然可以實現的改變。一旦做到這一點，你就可以邁出下一步，再走一步。

因為你的行為改變，你的想法和感覺最後也會隨著改變。在心理學三角中每循環一次，事情就會變得更容易。想法的本質改變，感覺也會轉變。你會鼓起勇氣踏出越來越大的步伐。直到有一天，曾經看似不可能的事情，現在卻感覺像是世界上再自然不過的事情了。

當然，這並不適用於所有情況。行為原則的基礎是假設你的想法和感受可能「搞錯了」——例如，過度高估某個實際情況令人沮喪、危險或乏味的程度。如果你打從心底討厭有氧運動，那不管你參加多少次課程，永遠都不會喜歡上它。反之，如果你平時喜歡有氧運動，只是今天不想穿上緊身彈力褲，那麼一旦你站起來，開始跟著《Rhythm of the Night》踩踏，那種感覺可能會改變。

行為原則無法讓一段失去活力的婚姻重燃激情，也無法讓你在世界大戰中保持心情愉快，但無論生活怎麼考驗你，它都可以幫助你在任何生活情境中充分發揮最好的一面。此時此刻，這項工作正在全球各地的治療室中進行著。可以肯定的是，我正在運用行為原則，讓我的生活更加充實。改變不一定要由內而外，從外而內的改變同樣有效，甚至更好。

「相信你的直覺」

現代西方文化宣揚的觀念是，你應該具有某種感覺才能去做某些事情。單純因為需要收入而每天上班似乎不夠，你應該對自己的職業充滿熱情才是。在談論藝術創作時，我們往往強調靈感的重要性，而不是千千萬萬個技術細節的累積。這裡僅舉兩個例子。

不確定該選擇哪條路時，你應該聽從你的直覺。我想這或許是對老舊思維的一種反撲，以前的觀念強迫人們結婚或去工廠上班，不管他們願不願意。雖然我們已經擺脫了這種「盡本分」的座右銘，這絕對是好事一樁，但我不確定「忠於感覺」是否更好。我不了解你的直覺——或許它會給你明智的人生建議，像是三思而後行、每天吃五份蔬果之類的。然而，儘管所有證據都不支持，我的直覺卻認為我應該和前任複合。我的直覺聲稱爆米花是一種營養的食物，認為我睡前再追一集也無妨。在糟糕的日子裡，我的直覺說我一無是處，我賴床反而對這個世界有幫助。

現代心理學傾向於強調個人價值觀，以此作為日常生活中更可靠的指南。在生活中，對你來說什麼最重要？成為好朋友、保持身體健康……還是電玩遊戲？你最優先考量什麼？充分的休息和感覺良好，還是再多破幾個遊戲關卡？

一旦你對自己的價值觀有了深刻的理解，就能夠確定自己的長遠價值觀並排出優先順序。在短暫的低迷、挫折和詭譎的情緒陷阱中，這是你的指路明燈。

真有那麼厲害？

治療進行到這裡，有些案主會若有所思地點頭表示：「有道理。我們該怎麼開始？」如果這段描述類似你的狀況，那麼你可以略過接下來的內容。

但如果你像我一樣，覺得被激怒。也許你已經開始怒寫一封電子郵件，發給建議你讀這本書的人：不要隨便將人類心理簡化成無聊的三角理論！如果一切只要「做就對了」，那麼你早就成功了。你之前可能聽過不少樂觀的人生教練談論這個主題

（「弄假直到成真」），但如果你面對的是童年創傷和憂鬱症家族史，那麼這絕非易事。你知道嗎？其實我完全同意你的看法。這就是為什麼我現在要解釋行為原則最常見的誤解。讓我們先來澄清關於行為原則的一些定義與問題。

聽起來過於簡單！

關於行為原則，這可能是人們最常見的反對意見。如果你在情緒陷阱中掙扎了幾十年，你可能認為解決方案應該與問題一樣複雜。至少需要接受多年的治療。

如果只要「做就對了」就能解決的話，那麼你多年前早已辦到。本書主題不是要講耐吉（Nike）的口號「做就對了」，而是如何去做。如果你學會了正確使用千斤頂的方法，就能抬起一輛車。而在本書中，你將學會如何使用行為原則，一步步重新掌控自己的生活。

我不需要了解根本原因嗎？

可以說是，也可以說不是。如果你的問題是生理原因引起的，比如缺鐵，那麼行為原則顯然沒有用。你需要尋求醫療協助。如果是涉及心理問題，那麼了解根本原因可能有幫助，但實際上不太需要這樣做。

這是因為心理困擾通常由三個因素所造成：遺傳易感性（genetic vulnerability），包括你的先天氣質和家族精神疾病史；生活事件，即你在童年和童年之後的經歷；目前處境，也就是你如何處理和應對眼前的問題。

如果你在尋找情緒低落的原因，答案通常在這三個因素的組合中。但解決辦法在於你唯一能夠影響的事情：你此刻的態度。

我應該忽略自己的想法和感覺嗎？

絕對不是。想法和感覺為你在任何情況下的經歷提供了重要的信號。例如，恐懼是威脅的徵兆，而憤怒是指有人正在越過你的界線。然而，你如何繼續並處理情況是另一回事。有時，根據你的感覺行動是有幫助的，但有時憑感覺行事會帶來災難性後果。我會教你如何辨別其中的差異。

這是認知行為療法嗎？

這是一本自助書籍。儘管主題基於心理學研究和認知行為療法，但絕不能把這本書當成科學論文或認知行為療法。根據自身閱讀過的書籍和參與過的治療，我提出了「情緒陷阱」和「行為原則」這兩個術語，因為我認為它們能夠簡潔概括出我從認知行為療法中學到的最重要課題。僅此而已。

但我想要做真實的自己！

很好，我也是！問題是：什麼是真實？你可以深愛你的孩子，同時發現自己在對他們大吼大叫。行為原則是按照自己長期的核心價值觀真實地生活，而不是一時的表面衝動。

樣。

你不必偽裝你沒有的感覺。重點是根據你的核心價值觀行動，讓你的感覺保持原

我試過，但沒用！

我敢保證，你一定在某個時候嘗試過行為原則，而且很有效。回想一下，你對某件事感到很緊張，最後還是下定決心去做了——現在你做得很棒。這就是行為原則的絕佳例子！

現在你面臨著不同的挑戰。你必須學會辨別自己的阻礙，找到解決方案，避免最常見的陷阱。

如果你認真嘗試過仍然沒有看到任何效果，那麼請考慮尋求專業的幫助。畢竟，這只是一本書，不能完全取代正式治療所提供的個人化協助。

能解決我的所有問題嗎？

抱歉，偶爾的情緒低落是生活常態。生病、沮喪失望、財務壓力……，這就是人生，沒有杜絕痛苦的疫苗。行為原則是一款工具，可以防止不愉快的情緒產生更大的影響或持續下去。

但我對目前的生活狀態很滿意，只是想轉變心情

很多人希望能找到一種解決方案，讓他們保持原來的習慣，只是感受有所不同。有一種方法可以達到這個目的，那就是藥物。但我不推薦這種方式。

改變是項困難的工作。選擇走自己熟悉的路可能感覺更安全，但如果你陷入不舒服的情況，改變就有必要了。

我們將著重於行為上細微而有力的改變，讓人覺得可以實現的改變。有時，一些微小的調整就足以帶來改變生活的結果。誰知道呢，也許當你覺得以前看似不可能的夢想現在變得近在咫尺時，你的態度就會改變。

停下來

行為原則是一個很棒的工具。它可以幫助你應對從怯場到情緒低落等問題，但就像任何工具一樣，只有在正確的時間、地點和方式使用時才會發揮作用。

某次，我的一位案主是正值壯年的成功人士。和許多人一樣，他也被灌輸運動是管理壓力的最佳方法。身為財富五百大企業的中階管理人員，工作時間很長，但他將所有的休閒時間都投入到馬拉松運動。因為他不敢向上司表示工作量過大，所以選擇自我鍛鍊，使自己感到快樂。後來，他在治療期間發現自己身心極度疲憊，膝蓋也受傷。

因此在你使用行為原則之前，我鼓勵你先停下來（STOP）。這將幫助你找出問題的癥結所在和最佳的應對方式。

停下來（STOP）原則代表：

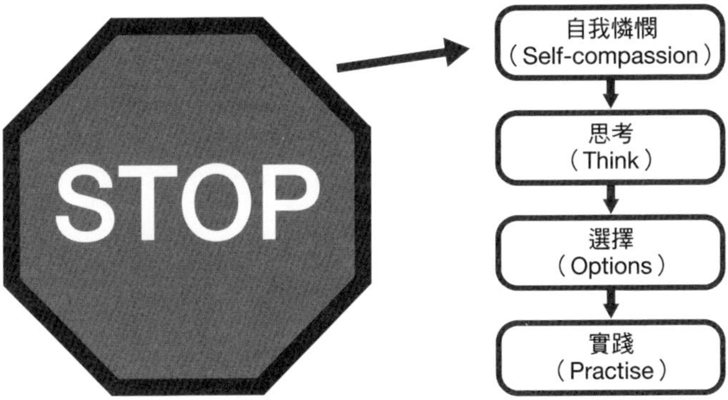

- 自我憐憫（Self-compassion）
- 思考（Think）
- 選擇（Options）
- 實踐（Practise）

每當你發現自己掉入情緒陷阱時，應該會經歷這個過程。現在，我們將逐一講解這些階段。

自我憐憫

當你感覺糟糕透頂時，很容易把自己的思緒和感受關起來。這些感覺和想法可能看起來像是叛徒或必須對抗的敵人，但這也許是提醒自己為什麼它們會出現的好時機。困擾的感受是一種信號，表明對你而言有重要的東西受到威脅，生活不是你想要的樣子。如果你嘗試理解這些感受，而不是忽略它們，就可以獲得寶貴的訊息。

自我憐憫（Self-compassion）意指在遇到阻礙時，要試著理解自己和照顧自己。與其批判或忽視自己的情緒，不如像對待處於類似情境的好友一樣，對自己展現出同理心。

你會有這樣的感受是有原因的，通常有多種原因。你不必喜歡、同意或按照你的一時念頭行事，但花點時間了解自己的感受和原因是改變的第一步。

如果你試圖跳過這一步，事情可能會出現問題。壓抑情緒並不會讓情緒消失；它們只會以其他方式表現出來。嫉妒就是一個常見的例子，有些人可能將被拒絕的恐懼感，隱藏在想像遭到他人背叛的憤怒之後。不幸的是，這種方式很少能帶來他們渴望的安慰。

如果你不願坦然面對自己的需求，就不會得到滿足。如果爭執方都停下來問自己：這件事對我來說真的那麼重要嗎？還是我只是心煩意亂和疲憊？研究顯示，實踐善待自我的人不僅在日常生活中感覺更好，而且睡眠品質更高，面對挫折時更有韌性，生活更健康，因為他們更會照顧自己。善待自我有助於保護你遠離憂鬱、飲食失調和壓力。

所以，第一步是停下來，傾聽你自己的感受。用語言表達你的想法和感受，以及你的衝動在告訴你什麼。請記住，每個人都會感到嫉妒、害怕和絕望，即使他們在社交聚會上可能不太談論這些感受。你有這種感覺並不奇怪也不危險。

請完成下列句子：「難怪我會有這樣的感覺，因為……。」盡量列出你能想到的原因。

如果朋友處於同樣的情況，你會對他說什麼？試著對自己說同樣的話。如果你的朋友提出反對意見，你會怎麼回應？

對自己產生同理心可能很難，尤其是在具有挑戰性的情況下。但是，就像所有事物一樣，透過練習實踐會越來越容易。

思考

如果你的工作提出了不合理的要求，那麼增加抗壓性並非解決辦法，而是該考慮改變你的工作。如果孩子們在飯前吵鬧容易讓你發脾氣，那麼家庭治療並非解決之道，而是該考慮飯前來點小零食。

行為原則不是解決所有問題的萬靈丹，對抗不了感冒、惡劣的工作環境或者飢餓的家庭成員。行為原則只適用於情緒陷阱，也就是問題在於你的情緒與生活狀況「不太相符」時。這些情緒可能是過度反應、方向錯誤或者與長期目標衝突，這表示，如果憑這些感覺採取行動可能產生問題。

舉幾個常見的例子。也許你會因為某件事情感到緊張，但從邏輯上你明白，這件事並不危險。你沒有使用行為原則訓練自己減少緊張，反而掉入情緒陷阱。又或者，你因為心情低落而不想見人。但如果社交活動通常能讓你振作起來，那麼出去走走可能比待在家裡悶悶不樂更好。

然而，當你的反應完全合理時，就不應該使用行為原則。有時，最明智的作法就是跟著感覺走，比方說，在遇到真正的危險時尖叫並逃跑。

如果你的想法和感受是基於無法否認的問題，那麼行為原則也無效。如果改變的條件不可能實現，那麼你再努力適應也無濟於事。行為原則可以幫助你營造浪漫的氛圍，但無法挽回已經破裂的關係。它可以幫助你在日常生活找到最大的快樂，但無法防止身體出現低血糖。

因此，在自我憐憫後，下一步是動動腦筋。問題究竟是什麼，最佳解決方案是什麼？你需要適應還是你的環境需要改變？如果你的想法和感受背後存在真正的問題，那就去處理問題。如果只是情緒陷阱呢？那就繼續看下去！

選擇

一旦決定採用行為原則，你就需要仔細審視情況，考慮各種選擇。不能保證你的第一個想法就是最好的。

如果你和許多人一樣，掉進了「沙發馬鈴薯」的情緒陷阱，也許你的第一個想法是在當地健身房辦一張年卡。這應該會激發你運動的動力！不幸的是，通常只會變成昂貴的錯誤。如果不喜歡去健身房，那麼晚上散散步或約熱愛網球的好友打一場可能更容易成功。本書將為你提供許多有關新行為的技巧與建議。把它想像成自助餐，你可以從中挑選和混搭你最喜歡的菜色。

- **什麼適合你？**選擇那些對你有吸引力、符合你的習慣和興趣的行為。這會增加你成功的機會。
- **設定適當的標準**。如果你的想法、感受和行為之間的差距太大，你將難以維持所期望的改變。與其標準設得過高而放棄，不如從目前的狀態開始，逐步提高標準。不過，也別把標準設得太低，否則不會有任何效果。通常，最好的作法是選擇稍微超過你舒適圈範圍的行為。
- **注意微妙的行為**。如果整晚都躲在角落，你在聚會上永遠不會玩得開心。為了讓行為原則發揮作用，你需要敞開心扉，真正投入到你的新活動裡。注意那些助長情緒陷阱的小行為。

- **一次只做一件事**。不要貪心，試圖一下子解決整個生活的問題。我知道你會忍不住，尤其是當你開始嘗試並發現到它很有效的時候。但還是先從一個情緒陷阱開始，最好是選擇當下給你帶來最多問題的那個。一旦你掌握了這個，就會有更多時間和精力去解決下一個。

實踐！

沒有完美的解決方案。思考並考慮不同的選擇是好事，但不要陷進分析癱瘓，花太多時間權衡利弊。選擇最吸引人（或最不吸引人）的方案，將理論付諸實踐。如果沒有作用，你還是可以回頭嘗試其他方案。

最好在評估效果之前重複新行為三次。有時候，你可能會立即看到改變生活的結果，但也可能需要一些時間。第一次嘗試做某件事，你可能不習慣，可能會想太多

（有沒有效？我看起來怎麼樣？等等）。第二次，你會開始掌握訣竅。第三次之後，你就能夠看出其中的規律，並得出是否值得繼續的結論。

對於重大的行為改變，例如轉職、搬家或養寵物，我建議進行「低成本測試」（cheap tests）。與其一頭栽進去，不如從一些較小的行為開始，讓你感覺一下這種改變是否適合你。例如，如果你對轉職感到好奇，找個可以告訴你內部實際情況的人共進午餐，參加一門課程或申請接案工作——這些相對於完全改變生活而言，需要的時間、精力和金錢較少。

找人傾訴

人類是群居動物，我們無法獨自處理所有事情。雖然這本書的重點在於你如何單獨應對挑戰，但我強烈建議你找個人協助，比如朋友、家人或同學。自我憐憫固然重要，但它無法取代被他人看見並理解的益處。

也許你害怕被嘲笑。這種擔心往往被放大，但確實不是每個人都是好的傾訴對象。這是需要練習的技能，不是每個人都有練習過。你可以先打開心門，看看反應如何。如果感覺不錯，你可以再敞開一些。你也可以撥打求助專線，傾聽者都是受過專業訓練的工作人員。

也許你是個隱忍克制的人，不想造成別人的麻煩，他們也有自己的煩惱。但我問你，如果角色互換，你會怎麼想呢？如果你的朋友、親戚、同伴內心正在苦惱不已，你不會想知道嗎？你不會想要提供協助嗎？

透過相互信任的展現，你們輪流陪伴對方時，彼此的關係才得以加深。坦誠表達自己的感受，你先打開了自己心門，讓對方也能夠敞開心扉。如果你遇到困難時不表現出來，別人也不會。就想成是在幫大家的忙。

坦誠說出自己的需求，可以讓其他人更容易支持你。你是需要解決特定問題的建議，還是只需要別人帶有同理心的傾聽？有人遭遇困境時，人們的第一個反應通常是試圖解決情況，像是給予一些好的建議，但有時你只是想要一個擁抱和一塊蛋糕。所以，清楚表達你的需求，更有可能得到想要的。

如何幫助朋友

朋友和家人通常是我們情緒陷阱中的重要支援。如果家裡有人患有蜘蛛恐懼症（arachnophobia），那麼在需要的時候，其他家庭成員很可能在聽到第一聲尖叫時趕來救援。

我們身邊的人可能會在不自覺的情況下加劇我們的情緒陷阱。他們往往是出於善意，因為注意到在當下這樣做有助於緩解情緒。你讓朋友反覆思考，甚至可能鼓勵這樣的行為，而實際上轉移注意力想點其他事情可能會比較好。你鼓勵孩子迴避他們覺得困難的事情，而不是幫助他們勇敢面對。我們很難確定什麼是幫助朋友的最好辦法。當朋友感到沮喪時，是該安慰他們，讓他們振作起來，還是該讓他們獨處？

有一次，我去某個晨間電視節目擔任嘉賓，被問到：「你怎麼幫助患有心理健康問題的人？」我很困惑，就像是有人問醫師說「你怎麼幫助生病的人？」時的感覺一樣。簡單的答案是：就像幫助任何正在經歷困境的人一樣。讓他們知道你就在他們身邊，如果他們想談就傾聽，主動替他們煮碗湯。當然，除此之外，還要看這個人面臨的問題是什麼。高血壓患者需要有人一起運動，而剛動完手術的人躺在床上需要有人陪伴。

情緒陷阱也是如此。只要陪伴在他們身邊，表現出你的關心，就會有很大的幫助。進一步幫助他們的最佳方式，取決於涉及哪些感受。壓力大的人需要幫助他們停下來休息；沮喪的人需要幫助他們站起來。因此，本書的每一章都有一小節，講述如何幫助在特定情緒陷阱的人最有效。

那就開始吧！

說到這裡，希望你已經對情緒陷阱有了很好的理解，並知道在理論上如何運用行為原則來應對。

但你來這裡不是要學理論，而是為了實踐。因此，本書的其餘部分將指導你如何應對大家最常面臨的挑戰：自尊心、愉悅感、動機、焦慮和壓力。你將深入了解這些常見的情緒困境，並學習如何運用行為原則來駕馭它們。

我建議你把這本書從頭到尾讀一遍，即使你現在覺得某個特定範疇與你無關，它仍然有助於理解行為原則的細微差異，以便你能將其應用到本書未提及的其他感受和範圍。你可以隨時暫停，進一步研究日常生活中想解決的特定主題。

在運用行為原則之前，請記得**停下來**。這將使你的個人發展之旅變得更輕鬆、愉快且更有效。

第一章

自尊心迷思

情緒陷阱：膚淺、短期的肯定
行為原則：有意義、長期的肯定

近幾十年來，大家一再強調自尊很重要，甚至可能是最重要的事。我們被教育，自尊心強的人能夠堅持自己的立場，勇敢地面對生活中的各種挑戰。他們可以成天躺在沙發上吃著垃圾食物，然後看著鏡子裡的自己，露出自豪的笑容，心裡想：我真是太棒了。

然而，對於我們這些凡人來說，愛自己是有條件的。我們在得到讚美的時候會抬頭挺胸，但一句批評就足以讓整個晚上都毀了。有時候我們會很愛自己，但有時候也會覺得自己一無是處。為了提升自尊，我試過書上所有可能的技巧。我花了幾個星期埋頭閱讀各種自助書籍，並且乖乖地站在鏡子前反覆念著：「你本來就很棒。」但你知道嗎？我們被灌輸關於自尊的觀念大多是錯的。

關於自尊

自尊是由你賦予自己的價值所定義的。你是否認為現在當下的自己夠好，值得他人尊重和讚賞。

自尊心強的人認為自己至少和他人一樣珍貴，並通常對自己，包含自己的優缺點，都感到滿足。反過來看，自尊心低的人可能覺得自己是一文不值的魯蛇。他們可能低估自己的長處，誇大自己的缺點，難以尊重自己。因此，這類人可能認為其他人也不尊重他們。

當我們談論自尊時，我們通常指的是心理學上所說的整體自尊（**global self-esteem**），也就是你對自己的整體感覺。在現實生活中，自尊通常被劃分為對應不同生活面向的子類別。你可以把它想像成切片蛋糕，每一片都代表一個對自己來說很重要的身分面向。最常見的切片有：事業、家庭和外貌。你可能也有自己獨特的切片，比方說冰上曲棍球技巧或環保主義。根據生活中某個特定重要領域（如為人父母）的發展情況，你會覺得自己在該領域的價值或高或低。你對於每片蛋糕的感受加總起來，就是你對整個蛋糕的印象。

一個人的蛋糕組成可能會隨著他們的生活而改變。例如，在校表現不佳的學生可能會拒絕「學業成就」這塊蛋糕，轉而發展另一塊貼上「班級叛逆者」標籤的蛋糕。因此，學習成績對他們的自尊影響會減少，他們可能會試圖透過霸凌和在單車停放區後方抽煙來贏得同儕的尊重。

近來有很多人在探討基於表現的自尊，指的是那些仰賴成就（如工作上表現優異）來感受自己價值的人。顧名思義，我們所有人都有基於表現的自尊。在某個自己認為重要的領域中失敗時，我們會覺得自己很差勁，但並不是所有自尊都取決於我們一般定義的「表現」，如專業或學業成就。有些人可能會根據生活中更多難以量化的領域來評價自己，如伴侶的愛或上帝的祝福。

有些人說，自尊（相信自己本身具有價值）與自信（相信自己具有處理事情的能力）完全不同。沒錯，自尊和自信是兩回事，但兩者通常相互關聯。如果你容易達成自己所設定的目標，自信心就會增強。如果這個成功是在對你身分認同很重要的領域發生，自尊心也會隨之提升。

你有可能在某個領域中，比如事業，擁有很強的自尊心，但整體自尊仍然低落。也許是你對其他重要的事情不滿意，比如感情生活或外貌。

有完美主義傾向的人普遍存在自尊心問題。完美主義指的是，投入過多的精力，試圖使事情完美。如果事情沒有完全按照自己設定的極高標準進行，這個標準又是受到遙不可及的社會理想所支持，那麼結果會讓人覺得一無是處。

要同時成為完美的朋友、同事和父母並不容易。在關於焦慮的章節中，你會更了解如何克服完美主義。

什麼是「正常」的自尊？

人們經常討論自尊是高是低，彷彿在說兩個明顯不同的類別。實際上，自尊是浮動的，我們大多數人都位於中間某處。這點不僅適用於自尊，也適用於大多數心理特徵——多數人既不是絕對的內向者，也不是絕對的外向者，而是介於兩者之間。

偶爾自我感到無價值感是完全正常的事情，這種感覺非常不愉快，但並不罕見。如果你從未覺得自己很差勁過，那麼你的自尊心可能異常強烈。如果你總是覺得自己一無是處，那麼你的自尊心可能異常低落，或許可以考慮透過心理治療來解決這個問題。

心理學界最常用的自尊心測試叫做羅森堡自尊量表（Rosenberg Self-Esteem Scale），你可以到本書後面查看。這份問卷可以評估你的自尊心與大多數人相比是高是低，還是介於兩者之間。

自尊不是一成不變；它會隨著你的生活而波動。人們普遍誤以為，自尊心主要取決於童年時期父母對待我們的態度是關愛還是漠視。事實上，高達百分之四十的自尊傾向是由基因決定的。就像身高和鞋碼各有不同的遺傳傾向一樣，我們的性格也是與生俱來。有些人就是天生對自己比較有信心。

自尊不是一成不變；它會隨著你的生活而波動。

何謂正常的自尊？

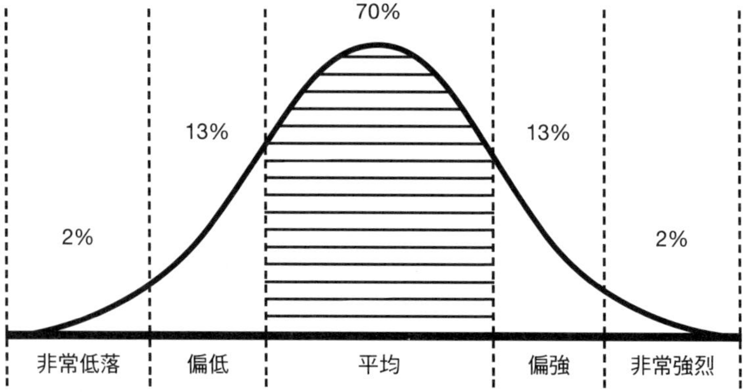

自尊心約有百分之十五到三十是不穩定的，會在一生中不斷變化。大多數人在童年和青少年時期會有自尊心較弱的困擾。通常到了青壯年，人們開始了解自己本身、對生活的期望以及如何實現時，自尊心會獲得提升。然後，自尊心往往會逐漸增加，在六十歲到七十歲左右達到巔峰。此時，大多數人已經找到自己被需要和受讚賞的環境。

挫折會導致自尊心急遽下降。疾病、失業和離婚這些事情往往會在你的自尊心蛋糕留下一個缺口，只有找到其他東西來填補失去的那一塊，缺口才能癒合。

為人父母後，自尊心通常會受到打擊。

研究顯示，特別是對於女性而言。按照現代標準，為人父母很難「成功」。只是把飯菜端上桌，提供關愛的臂膀守護爬行的孩子還不夠。有些人覺得，如果不是使用當地有機食材，從頭開始烹煮所有料理，就是差勁的父母。

情緒陷阱

因此，你的自尊心取決於生活中各個重要層面在任何時候的狀況。那種以為所有人可以完全獨立、不在乎別人觀感的想法都是胡說八道。大多數人依靠肯定和成就來獲得良好的自我感覺，不過如何獲得肯定的方法可能有所不同。而這個「如何」可能就是成敗的關鍵。

導致自尊心降低的原因有很多。也許你的信心遭受打擊，比方說被解雇或失戀。又或者你的自我價值感本來就不穩固，輕輕一推就能把你推向深淵。一個奇怪的眼神，一則負面的評論，一間燈光昏暗的更衣室，突然間「砰」一聲！你開始在心理學三角中打轉。你的思緒變得黑暗。你成了自己最大的批評者。你罵自己是白癡、魯蛇，或者任何讓你更加憎恨自己的侮辱。也許過去犯下的錯誤又回來糾纏你。你的大腦會幫你檢索以前做過的所有錯事。你會想到其他你認為生活過得很好的人，這更讓你深刻感受到，與他們相比，自己有多麼的失敗。如果有人嘗試讓你振作起來，安慰你說你是個好人，擁有許多優秀的特質，聽起來都像是謊言。你看不到自己的任何優點，只看到自己的缺陷。你斷定自己曾經得到的任何成就都只是運氣和巧合而已。

當然，這些都不是真的，可是當負面情緒籠罩著你的思緒時，事情可能暫時看起來是如此。這是因為你的感受也受到挫折所影響。你感到沮喪和洩氣，可能會感到羞愧，覺得自己不值得被愛。即使得到另一次約會或工作面試，或其他機會，你也沒有想要嘗試的動力，覺得這又有什麼意義呢？

當你的思想和感受變得如此陰暗時，就會影響到你的行為。你的衝動會告訴你要忘掉一切並放棄。然後，因為你需要肯定（我們所有人都一樣），絕望之後往往是強烈的辯護慾望。你會格外努力證明批評你的人是錯的，或者你會拼命尋求其他方面的肯定。

這些都是正常的反應。沒有人能夠完全避免挫折，我們都會有自尊受到打擊的時候。但是，如果你的自尊心基礎不穩固，或者沒有學會如何應對這些低潮，很可能會陷入心理學三角模式中的惡性循環。

你是否認識以下這些常見的情緒陷阱呢？

- **過度表現**。你努力證明自己的價值。逼迫自己把每件事都做到極致完美，超乎期望。絕對不能讓任何人有批評你的理由！
- **討好別人**。你變成一個唯唯諾諾的人，要是稍微給別人帶來不便就會害怕被拒絕。你總是為別人做事，卻忽略了自己的需求。
- **渴求關注**。如果你需要的肯定沒有自然而然出現，你會主動去尋找。你變得自誇自大，讓自己成為眾人矚目的焦點，不顧他人的感受。如果有人批評你，你會立刻把他們當成笨蛋或懷有惡意的人。

● **急功近利**。昂貴的名牌服飾、火辣的自拍照、婚外調情……。迅速提升自尊心的方法有上千種。當然，在酒吧偶爾享受一下陌生人的讚美沒有什麼問題，但當作提升脆弱自尊的策略，很快就會產生有害影響。

代價是什麼？與所有情緒陷阱一樣，結果只是拿石頭砸自己的腳。即使你的自尊心暫時得到提升，效果也不會持久。隔天，你又開始尋找認可。你問自己出了什麼問題，為什麼沒有人欣賞真實的你？要是自己真的一無是處呢？你覺得沒有人看見自己，也沒有人真的欣賞自己。

最糟糕的情況是陷入消極的循環。低自尊心可能加劇現有的焦慮、憂鬱和飲食失調等問題。你會在內疚、謊言和衝突中糾結不休，而這些不過是想贏得一些肯定罷了。

你是冒牌者嗎？

我們很容易以為每個人一直都是自信滿滿，唯獨自己例外。這是因為很少人會公開宣傳自己的弱點。

研究顯示，每十人就有一人患有所謂的**冒牌者症候群**（imposter syndrome），這是最近流行的心理學術語，指的是在生活中覺得自己是隨時可能被揭穿的冒牌者。別人看起來既自在又能幹，而你卻藏在偽裝後面。有多達八成的人表示，他們時常覺得自己是個冒牌者。

解決冒牌者症候群的最好辦法就是談論它。如果你下班後與同事們在酒吧裡提起這個話題，你肯定會發現有人如釋重負，因為他們發現自己並不是辦公室裡唯一的「冒牌者」。

對於那些自尊心低落的人，市面上有一大堆快速解決的方法。鼓勵你在便利貼上寫下讚美的話語，或者對著鏡子說自己是個優秀的人。建議你聆聽激勵人心的演講，或者下載充滿積極肯定的精神喊話音檔。

但我傾向於把這些練習看作是自尊蛋糕上的糖霜。糖霜很漂亮，看起來很好，如果幸運的話，有些糖可能會滲入蛋糕裡面。但要獲得有意義的結果，光是裝飾蛋糕還不夠。你必須深入其中，處理每一片蛋糕本身。

行為原則

與其等到信心十足才開口，不如現在就說出來，即使會感覺不自在。與其夢想找一天好好照顧自己，不如立刻關掉手機，去泡個熱水澡。與其熬夜到凌晨兩點再來檢查報告裡的錯字，不如故意加入一個錯字，然後上床睡覺。

雖然讓人覺得很反常，你可能會懷疑這樣做是否真的有效，但這就是改變心理學三角的運作方向，讓你的自尊心有成長空間的方法。

仔細想想，其實這樣完全符合邏輯。如果你任由他人踐踏你，就會很難尊重自己。如果你總是顧及他人而壓抑自己的需求，就會很難知道自己渴望什麼。如果你忙於表面的消遣活動，就會很難建立真誠的關係。

心理學三角事先告知我們，在你的思想和感受跟上行為之前，一開始可能會感到不舒服。你會覺得內疚或自以為是，心中充滿疑惑。別擔心，堅持下去，你會發現自尊最後會得到提升。

對你而言，更高的自尊意味著什麼？對一些人來說，可能是謙虛道歉的能力；對其他人來說，可能是有信心為自己挺身而出的能力。要找出自尊心對你意味著什麼，試著完成以下句子：

- 我可以從……看出一個人的自尊心有多高
- 如果我有更高的自尊，我會……
- 如果我停止……，開始……，別人會注意到我有更高的自尊本章內容關於讓你的自尊有成長的空間。我們將探討如何抵制尋求膚淺肯定的捷徑，轉而投資更有價值的自我提升。

關於自尊的五大迷思

迷思一：你的自尊心狀況取決於童年時期。

實際上：你的自尊心大約有百分之四十來自基因影響，百分之十五到三十來自你當下、此時此刻的生活狀態。

迷思二：你的整體自尊程度與生活的各個層面有關。

實際上：自尊因生活的不同層面而異。比方說，你可能在事業上有很強的自尊心，但對於外貌卻自尊心低落。

迷思三：自尊和自信之間沒有關聯性。

實際上：自尊（感覺自己有價值）和自信（感覺自己有能力或可以勝任）是兩回事，不過通常是相互關連的。當你在對自己而言重要的領域取得成功時，自尊心會得到提升。

迷思四：自尊心強的人更成功、更受歡迎。

實際上：高自尊在特定情況下確實是一個優勢。例如，遇到挫折以後有勇氣站起來，再次嘗試。但整體而言，自尊心對於你的成功並沒有多大的作用。同樣對於人際關係也是如此。有許多成功、受歡迎的人卻很自卑，也有許多自以為是的傻瓜。然而，自尊會明顯影響你的感受。這就是為什麼你要努力提升自尊心！

迷思五：提升自尊心的最佳方法就是對自己講一些積極正面的事情。

實際上：提升自尊心的最佳方法，是讓自己在生活中重要的領域取得進展，並堅持在你覺得被需要和受讚賞的環境中生活。

該怎麼做

烤製屬於自己的自尊蛋糕

現在，我希望你拿出紙筆（或者你想開Excel活頁簿也行）。畫一個圓，然後把它分成幾片，代表你的自尊蛋糕。根據每片蛋糕對自尊的重要性，來決定它們所佔比例的大小。這些切片蛋糕通常會有家庭、事業、愛情、友情和外貌，但你的蛋糕可能與別人不同。

想一想這些問題可能對你有幫助：「如果我在這個生活領域真的遇到了挫折，我的感受會多糟糕？」或者「如果我在這個領域做得很好，我會對自己感到多滿意？」。

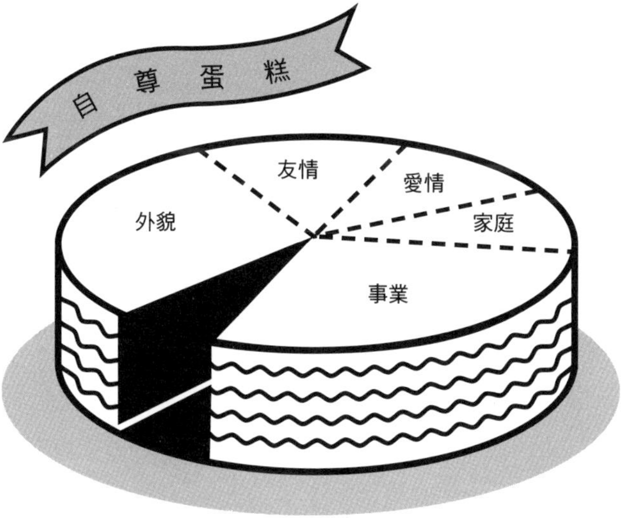

根據上述步驟所得到的蛋糕會因人而異。以下是一些警告信號，表示現在也許是時候重新為自己烤製一塊新的自尊蛋糕。

一片獨大的蛋糕

有些人的自尊蛋糕裡，有一大片幾乎佔了整塊蛋糕，可能是「事業」或「感情」。如果你的自尊大部分取決於單一層面，那麼你的自尊就可能會隨著這個生活領域的變化而大起大落。工作順利或者得到伴侶的認可時，你可能會覺得自己好像站在世界的巔峰，但如果下一次沒有得到認可，你可能會覺得自己一無是處。

然後，如果你掉入情緒陷阱，這可能會變成一個惡性循環，其中一片蛋糕會不斷擴大，而犧牲其他層面。你會變得非常關注這個重要領域的成功，把其他事情都擱在一邊，等到你醒悟過來，才發現整個自我價值感都掌握在你老闆手中。所以，你需要在其他生活領域多花點心思。如果你仔細觀察，就會發現其他重要的部分，像是「朋友」和「興趣愛好」。多花點時間和精力在這些地方，這些切片蛋糕的比例就會隨著時間擴大。

缺少一片的蛋糕

如果你經歷了失去的狀況，尤其當失去是突然發生的時候，像是分手、失業，或是受傷導致活動設限，自尊通常會遭受打擊。

當曾經賦予你生活意義的東西突然消失時，很容易覺得自己毫無價值。相信我：一切都會好轉。時間會過去，會有其他事物來填補空缺。你可以幫助這個過程，有意識地投入生活中其他有意義的層面，例如，強化重要的人際關係。

有些人還會重新定義在某個領域「成功」的含義。也許贏得獎牌不再是你身為運動員的必要條件，培養下一代人才也能讓你獲得同樣的成就感。

一片不健康的蛋糕

也許你發現了幾片你寧願不存在、感覺不太好的蛋糕。對於患有飲食障礙症的人來說，「體重」可能比「事業」和「家庭」相加的重要性還要大。也許你從犯罪、通姦或有害身心的網路論壇中獲得自我價值感。

發現自己的這些部分，並接受它們有問題是一個困難的過程。畢竟，它們是你生活中不能沒有或不想失去的認可來源。然而，想要過上幸福的生活，就必須解決這些問題。無論你在發霉的蛋糕上撒了多少糖霜都沒有用，你需要找到問題的根源——例如，接受治療。

想想看你平常是怎麼過日子的。蛋糕中最重要的部分是否得到了應有的時間和關愛？是不是有些部分佔用你太多精力？你可以透過重新排列優先順序，來調整蛋糕切片的大小。當然，要抗拒誘惑可能很難，因為你的想法和感覺會讓你以為那是值得的。請注意別上當。

你寧願把時間花在哪裡？阻止一種行為的最好辦法就是開始另一種行為。

做讓自己感覺良好的事情

在西方文化中，我們喜歡這樣的想法，認為我們可以毫無理由地感覺良好。夢想是能夠躺在吊床上想著：*我在這裡，我已經夠好了*。這種狀態不僅難以實現，還有一個問題，那就是追求這種理想是否值得。我們試圖站在鏡子前告訴自己「我們已經夠好」來提升自尊心，而不是尋找讓他人告訴我們這點的活動和環境，很大程度說明了我們現代的個人主義文化。

強韌的自尊心是透過在生活中重要領域的進步而建立的，這包括讓你為自己感到驕傲的善行。

「友誼」是你其中一片蛋糕嗎？為朋友的成功喝采，仔細聆聽他們談論自己的事情。你有一片叫做「外貌」的蛋糕嗎？把你放在衣櫃深處等待哪天「達到目標體重」才要穿的衣服送走，買些讓你現在感覺良好的衣服。

我們不必非要贏得業界大獎或長得像模特兒才能感到自豪。重要的不是得到什麼特別的成就，而是感覺自己朝著正確的方向發展。對於我許多患有憂鬱症的個案來說，光是開始定期洗頭就是一個很大的進步，所以，我們就以這個做為起點。

某年暑假，我在一家療養院擔任照護人員。這個機構裡面住著形形色色的人，有退休的足球運動員，不停談論自己在一九四七年夏天踢進致勝一球，也有總是穿著綁帶領結襯衫、冰箱裡放著綜合起司拼盤的時尚女子。

然而，許多居民覺得他們已經走到人生盡頭。沒有日常的職責和義務，只剩下消磨時間，等待死亡。沒有什麼事物能夠提高他們的自尊。所以我們開始尋找方法來為他們的生活增添意義。基於現實理由，攀登山脈和創業都不可行，但我們可以寫明信片給親人，舉辦茶會活動。我教了一位年長的紳士如何摺餐巾，他隨後在餐盤上以小巧的藝術品來取悅其他居民。我們為週五晚宴精心打扮，盛裝出席這個場合。

在目前的生活狀況和環境下，什麼讓你感到驕傲？

或許也可以想想，有沒有什麼事啃蝕你的良知。這樣的事情可能會嚴重傷害你的自尊心。承認錯誤和道歉也許當下會讓你感到痛苦，但從長遠來看，如果你對自己的行為負責，可能感覺會較好。同樣的道理也適用於成為素食主義者、捐款給慈善機構或做出更具環保意識的決定，如果這些事情讓你心煩意亂的話。如果你沒有遵循自己的道德指南，就很難自我感覺良好。

當然，你不可能面面俱到。你不能既是完美的父母、朋友、同事和伴侶，同時又能花時間照顧自己的健康。你必須有所取捨。所以問題是，對你來說最重要的是什麼？在你今天可以做的所有事情中，今晚站到鏡子前面直視自己的眼睛，什麼事情最能讓你替自己感到驕傲？五年、十五年或五十年後回顧這段時間又會怎麼想呢？這才是你自尊心的優先考慮。

自尊心運動

在美國，自尊心熱潮在一九八〇年代達到高峰。研究顯示，自尊心高的人比自尊心較低的人擁有更好的健康狀況、人際關係和學業表現。幸福大師們開始鼓勵在早餐麥片中加入正向的肯定語句，學校甚至推出特別課程來提升學生的自尊心。

自尊心運動在二〇〇三年突然停止。因為當時公布了一份廣泛的科學研究整理，顯示雖然美國人的自尊心確實增加，但公共衛生和學校成績並沒有改善。如果有任何改變，那就是變得更糟。

自尊心強的人可能認為自己比別人更受歡迎或聰明，但事實不一定是這樣。似乎是成功促使自尊心提升，而不是高自尊心帶來成功。有人認為，那些被教導不管發生什麼都應該完全接受自己的學生，可能比同齡人更自戀。

心理師不再提倡以自尊心為主要目標的干預措施。現在他們建議鼓勵個人發展和行善，無論我們最後的人生走向如何，這樣更有可能讓我們感覺到自己的價值和受歡迎。儘管如此，舊觀念仍然存在。我們不禁要問，為什麼我們會像貓對貓薄荷一樣受到愛自己實踐所吸引。難道是因為我們認為討厭自己和焦慮背後都有一個普遍的原因，透過每天進行十分鐘的正向肯定就能輕鬆治癒，這樣的想法很方便所以吸引我們？也許是因為愛自己實踐在當下感覺很好，可以帶來短期效果。

行為原則比較像是讓人汗流浹背的運動：當下做起來很困難，但長期下來會有正面的效果。

培養你的人際關係

人們常說需要肯定，彷彿這是一件壞事。實際上，我們都需要他人的認可——畢竟人類是群居動物。真正的問題在於我們如何獲得肯定。

如果你的自尊心較低，就會容易尋求表面上的肯定。追求讚美或別人的喜歡不一定有錯，只是效果往往很短暫。長久的肯定通常來自於親密的關係，那些喜歡你的本質，珍惜並需要你的人。在你困難時支持你，當你犯錯時也不會妄下評斷。因此，想要提升自尊心，你能做的事情之一就是經營你的人際關係。找到你想要在生活中出現的人，而且他們也希望你出現在他們的生活中，然後如同品嚐美味的松露巧克力般，珍惜這段關係。花時間與這些人在一起，支持他們，並試著一起克服挫折。

戀愛關係是許多成年人自尊心最重要的來源之一。即使你穿著睡衣坐在沙發上，也能感受到被愛的感覺令人非常安心。你也可以從親人、朋友、寵物或親近的同事等那些對你瞭若指掌、因為你的到來而興奮不已的人那裡獲得肯定。

當你覺得自己是某個大型社群的一員時，自尊心也會得到強化。這個社群可以是一個俱樂部、一個交友圈或一個你有一席之地且得到重視的團體。如果你有這樣的背景環境，通常應該繼續保持。如果沒有，可以考慮去找個社群。

你有沒有想與他人分享的興趣？你致力於解決什麼問題？自願服務通常能夠激發你的自尊心，因為你可以為自己相信的事情貢獻己力，獲得周圍人的讚賞，並成為更大社群的一分子。

遺憾的是，反過來看也是如此。糟糕的人際關係可能會破壞自尊心。如果你經常遭受侮辱或被忽視，就很難對自己感覺良好。如果你的伴侶、老闆或親人經常批評你所做的一切，培養更高的自尊心即使不是完全不可能，也會變得相當困難。

第一步是引人關注這個問題。許多社交推土機（social bulldozers）踐踏他人自尊時，並沒有意識到自己的所作所為和這樣做的影響。需要有人出面，友善但堅定地大聲疾呼。記住，推土機的自尊心也可能對批評很敏感。如果你禮貌地提出來，對方會更有可能接受你的觀點，而不是立即採取防備心。

如果你已經多次提出這個問題，但沒有任何改變，那麼也許是時候問問自己，這真的是你想要保留的關係嗎？有時候，為了保護你的健康，你需要減少與某人的接觸。有時候，唯一的選擇就是結束一段關係。

這樣做可能會帶來許多悲傷。你可能會回想起，自己在成長過程中遇到的所有不公平待遇。孩子的成長需要關愛與鼓勵，可是許多人卻遭遇拒絕和虐待。如果是這種情況，你應該知道，現在永遠不算太晚。過去塑造了今天的你，但現在才是最重要的。把過去放在一邊，專注於讓你感到有力量和受欣賞的環境，可以治癒舊傷。雖然無法抹去傷痕，但可以幫助你感到完整，對未來充滿希望。

只是要小心，不要太執著自己的個人成長。如果你沉迷於自己的感受而忽略周遭的人，那麼追求自尊心反而會弊大於利。自尊心強的人很少花時間評估和分析自己。他們忙於維繫人際關係和履行承諾。

執迷不悟背後的演算法

有時候，人會陷入一段極具破壞性的關係。你們的關係可能出現頻繁的爭吵和背叛，甚至是暴力，而你卻像飛蛾撲火般被對方吸引。

「幹嘛不乾脆分手算了？」你那些氣憤的朋友們嘆氣道，你自己或許也在問自己同樣的問題。

答案是：間歇性增強（intermittent reinforcement）。

間歇性增強是心理學上對於隨機獎勵設計的說法。當你展開一段戀情時，往往是因為在對方身邊的好處：刺激、親密感、有個不去洗衣服的藉口。如果那種好感夠強烈，偶爾的爭吵就不算什麼。事後，你總能找回親密的感覺。你會得到情感上的滿足。

爭吵可能會越變越頻繁。但是，如果在此期間，你因為耐心得到了浪漫承諾和愛意表達的「獎賞」，你就會堅持下去。你生活在一種希望之中，希望有一天能夠重回天堂。

如果我問你，你是否想和一個一年後會忽略你的訊息，任你在地板上哭成一團的人約會，我相信你的答案肯定是不想。這種漸進式衰退讓這段關係變得非常危險。隨著關係佔據了你越來越多的生活，你變得開始依賴伴侶的肯定。最後，整個自尊蛋糕都被這段關係所主宰，感覺沒有這段關係，你就會一無所有。

這不是你的錯——如果足夠誘人的獎賞就在眼前時，人的心理運作方式就是這樣。間歇性增強解釋了為什麼人會陷入各種不健康的行為，從賭博成癮（如果我即將中頭獎呢？）和沒完沒了一直滑社群媒體（搞不好快要發現什麼驚人的消息？）到反覆回想過去（要是我終於能夠理解了呢？）。如果你期待那個令人垂涎的獎賞在某個地方，你就會不知疲倦地繼續下去。

解決辦法是有的。但可惜，要接受這點可能很困難。你需要用完全不同的東西來取代那片不健康的蛋糕。建立其他的關係，找到新的消遣活動，讓你得到所需。如果你發現自己很難成功，可以尋求幫助，你並不孤單。

對於讚美，說聲謝謝

在別人面前，你會怎麼談論自己呢？拿自己的缺點開玩笑可能讓你感覺安心，因為你在別人有機會批評之前就搶先一步。大聲批評自己可能也是一種無意間尋求讚美的方式，因為周圍的人通常會反駁你的說法，然後強調你本來就很好看／聰明／才華洋溢。

然而，貶低自己的言論和他人的批評一樣，都會損害自尊心。適度的謙遜是健康的，但你永遠不會聽到自尊心強的人稱自己是毫無用處的白痴。

所以想想看，你都怎麼談論自己。晚上回到家，回顧一天的生活，不要只是列舉你搞砸的所有地方，也要提些你引以為豪的事情。你不需要自吹自擂，但要盡量呈現平衡的畫面。收到讚美時也同樣適用。不要馬上回「哦，其實我沒有很滿意」來否定讚美。請練習說：「謝謝你，我很高興你喜歡。」

或許也應該思考一下你在心裡是如何與自己對話的。你的口氣是批評、中立還是友善呢？下次你犯錯時，試著逐字記下你內心的獨白。如果是運氣不好，可能會這樣寫：「我怎麼可能會開這麼尷尬的玩笑？真是爛透了。難怪沒人願意和我在一起。」

如果有個朋友這樣評價自己，你會怎麼回應？寫下你的回應，然後對自己說說看。這樣做的目的並不是要把批評變成毫無保留的讚美，而是要多一點理解。「這個笑話沒人捧場，但至少我試過了。也許我需要找到幽默感相同的人。」

你的行為會對所處的情況產生影響，而且容易陷入助長自我批評的習慣中。也許你追蹤那些加深你心結的網紅，或者花幾小時在鏡子前嚴格審視自己。從這些不必要的觸發因素中解放自己。取消追蹤那些讓你自卑的社群媒體帳號。找到正向、讓人感覺良好的健身靈感，或者乾脆刪除那個應用程式。如果你需要照鏡子，那就照你必須照的，照完就離開。不要開始挑痣、撥弄皺紋或擠壓皮膚皺褶。避免討論任何會讓你加深心結的飲食、品牌或運動計畫。

自從十八歲那年，被一篇題為「你的晚餐選擇反映你的戀情」的文章嚇到，我就再也沒有翻開女性雜誌了。依據該雜誌的說法，我不但弄錯保養次序、不懂談判技巧、選錯睫毛膏，就連對義大利麵的愛好都會毀了我的戀情。

我取消了訂閱服務。

維護你的需求

當你有自尊心低落的困擾時，要在自己的需求和他人的需求之間取得平衡可能很難。你可能是追求認可的成癮者，不斷找尋他人的肯定，但對於批評卻非常敏感。如果有人質疑你，就會加深你內心最深處的恐懼：害怕自己是一無是處、不討人喜愛的人。

問題的核心是相同的，不過處理這種對認可的需求，有兩種截然不同的作法。我把它們稱為「踏墊型」和「氣球型」。只是粗略的歸納，但我想你一定能認出這兩種類型。

踏墊型（The Doormat）人格低調行事，從不惹麻煩。他們盡量討好別人，不會與人發生不必要的衝突。他們從不表態，希望避免任何形式的批評。但是，想讓每個人都滿意是不可能的事。踏墊經常聽到這樣的評論，「你為什麼人總是這麼好？」

氣球型（The Balloon）人格與踏墊型完全相反。氣球會自我膨脹，不顧他人利益佔據空間。他們從不認錯，還吹噓自己的成就。乍看之下，氣球可能看起來自尊心很強，或者至少充滿自信心，但實際上，膨脹的自我往往很脆弱，稍有不慎就會被戳破。

這兩種作法的折衷之道是**堅定而自信**（assertiveness）。意思是，你對待自己的需求和他人的需求同樣認真。你堅持自己的觀點，但尊重別人可能有不同的想法。你承認自己的錯誤，但不會過於自責。

堅定而自信可以透過行為原則來培養。具體需要練習哪些行為，取決你是傾向於踏墊還是氣球，或者兩者都有。以下是一些建議。

給踏墊型人格的訓練

「如果我自尊心更強一點，就能夠為自己爭取權益。」忘掉這種想法！我們要轉換心理學三角的走向，只有勇於表現自己，你的自尊心才有成長的空間。

- 在各種情況下陳述你的想法和偏好。討論期間提出反對意見，並捍衛自己的觀點。開會時踴躍發表意見，發言時間與他人的一樣長。
- 提出建議。即使建議可能沒人採納，就像每個人提議看電影或上餐館可能會遇到的情況一樣。你應該勇於嘗試。
- 犯錯時要道歉。但如果沒有錯，絕對不要道歉。
- 表達自己的需求。當你清楚自己需要什麼時，就是讓別人有機會去考慮你的需求。
- 自己做決定。練習不徵求意見，除非你需要。
- 如果有人做了讓你不滿的事情，直接說出來。禮貌應對，但要表達明確。可能很困難，但請試著習慣這樣的觀念：我們都是別人故事裡的反派角色。
- 別再答應做你不想做或沒時間做的事情。不再提供別人搭便車、配合別人的行程，也不再把責任看得比什麼都重要。要練習拒絕為他人的問題負責。

給氣球型人格的訓練

在短期內，自我膨脹和迴避批評可以保護你的自尊，但很遺憾，長期下來這種作法只會把別人推開。練習寬厚一點。

- 說出「你是對的」。這可能讓人感覺難受（我個人經歷過所以知道），但我保證，時間一久會越來越簡單。
- 讓別人有時間發言。傾聽並提出後續問題，克制自己力圖想出更好的點子來比過他們的誘惑。
- 為自己的失誤或遲到道歉。沒有藉口，只要道歉。
- 尋找妥協。讓別人按照他們的方式行事，盡量配合他們的需求。
- 當別人沒有找你參加活動時，試著別放在心上。祝他們一切順利，把時間花在做自己喜歡的事情上。

- 別人的觀點比你更有說服力時，不必爭辯。身為一個人，你的價值不是取決於輸贏，要有雅量。

要做到這些並不容易。第一次嘗試時，你可能會感覺像是喝了混雜著羞恥、焦慮和不適的雞尾酒。你的自尊心可能會比以往更脆弱。請堅持下去！記住，行為原則需要多次重複才能見效，就像訓練肌肉一樣。從較輕鬆的情境開始練習，很快你就會感覺更自在，然後繼續挑戰更大的關卡。

你可能會遇到阻力。可能會說錯話，遭到拒絕，或者被誤解。這種情況每個人都會遇到。如果每個人面臨這些阻礙就放棄的話，那麼沒有人能夠走到結婚或升職的階段。把它想像成啞鈴上暫時增加的重量，如果堅持下去，你將變得比以前更強大。

如何幫助朋友

如同前面所說的，周圍人的肯定並不一定是自尊最重要的來源，即使這種肯定可能很受歡迎。關鍵在於，要有幾個讓你感覺自己被疼愛且有能力的情境。

如果你的朋友或家人習慣懷疑自己，你能給予的最好支持就是鼓勵他們尋找這些情境。讓你的伴侶有時間參加樂團排練或與舊識老友見面。鼓勵你的朋友在事業上往前邁進。讓你活潑好動的孩子參加馬戲學校，讓你害羞內向的孩子參加寫作課程，這樣他們都能找到讓自己的特質成為優勢的情境。

當我們關心的人感到脆弱時，通常第一反應是想為他們做點事情。這樣做是出於善意，但是讓他們感覺自己有能力、有用也很重要，對於提升自尊也很重要。請他們幫你做些他們擅長的事情，無論是修理Wi-Fi路由器還是提供好的建議，並對他們的幫助表達你的感激。

當然，你希望這個人覺得你們之間的關係，是一個他們可以感覺被人喜愛和欣賞的情境。如果你樂於見到他們，與他們分享歡笑和淚水，通常不需要用言語表達，但大聲說出來也是加分選項——聽到自己對某人很重要，會大大提升自尊心。

現在社會上有一種誤解，尤其對孩子而言，認為讚揚成就可能有害。我們不能說出「畫得真好」（讚揚成就），應該要說「跟我聊聊關於這幅畫」（表現出興趣）。這背後的邏輯是為了避免鼓勵基於表現的自尊，也就是認為自己必須完成某些事情才能得到他人的重視。這其實是迷思。儘管大膽去讚揚別人的成就吧。如同前面所說，覺得自己在生活中的重要領域有能力的時候，人的自尊心就會得到提升。只是別單純讚揚成就。告訴你的伴侶，他們盛裝外出或穿著睡衣看電視時都很好看，這樣會讓他們覺得自己不單是因為所做的事情而受到重視，他們本身就是值得珍惜的人。

關於肯定的注意事項：有些低自尊的人會陷入一種在別人面前自我批評的模式，正是因為這樣通常可以得到別人的肯定。當有人抱怨自己長得多醜、毫無希望或糟糕透頂時，他們的朋友就會立即站出來反駁。每個人偶爾都會這樣做，已經成為社交常規。不過要警惕情緒陷阱，有些人的自我批評會變本加厲，以滿足對肯定越來越大的需求。如果這個問題繼續惡化，你可能無法獨立思考，像是機器中的一個齒輪。

這種人需要肯定，但這種肯定不該當成他們自我批評後得到的獎賞。在其他時候給予他們充分的愛，例如他們說出慧黠的話語、逗你開心，或只是表現得很棒的時候。面對他們的自我批評，你可以用更多一般的安慰來回應：「很遺憾你有這樣的感覺。我能做什麼讓你感覺好一點嗎？」你也可以說你不喜歡聽到任何人貶低你的朋友，即使是朋友自己說的。也許你們可以達成共識，禁止自我厭惡，共同努力找到更有建設性的方式來管理自我懷疑。

第二章

安排時間享受愉悅

情緒陷阱：被動
行為原則：主動

關於快樂

如果可以選擇，我們希望一直停留在愉悅的心理三角地帶。

你從床上醒來，覺得神清氣爽，精力充沛。好心情會影響你的想法，你發現自己早晨喝咖啡時做起白日夢，想著你所期待的事情。你感到充滿力量和動機——也許你打算重新粉刷一下櫥櫃門？

好心情會影響你的行為。你開心地和公車司機打招呼。感覺這麼愉悅，下點雨也不會使你垂頭喪氣——你抬起臉，享受雨滴落在皮膚上的感覺。

然後也有壞日子的時候。當你感覺沮喪時，即使是平常喜歡的事情也無法給你帶來樂趣。咖啡變得苦澀，你感覺懶洋洋、焦躁不安、不知道自己該做些什麼。

低落的心情讓你的想法蒙上了一層灰色濾鏡。你難以回憶起美好的時光，也看不太到任何事情的意義，腦海裡反而被生活的艱難和曾經犯下的過錯所佔據。你把周圍人的模糊語氣解讀成對個人的批評，並證明了你內心深處一直知道的事情——你的生活毫無意義，存在也毫無意義。如果公車司機和你打招呼，你會擺張臭臉，然後接下來的車程一直沉浸在內疚中。你拖延回覆消息，任由髒盤堆積如山。

科學家相信，像憂鬱這樣的負面情緒對人類具有重要的作用。快樂相對容易理解；你會感到心胸開闊、堅強和好奇，勇於大膽做夢，並開始計劃。而憂鬱則像是煞車器，確保你腳踏實地。你會專注於自己的問題以及如何應對。在遭遇逆境時，你感到氣餒，然後退縮，舔舐傷口，保留體力，以便擇日再戰。

在生活中遇到困難的日子或時期是很普遍的，甚至有時是必要的。但就像其他感受一樣，憂鬱也可能成為一種情緒陷阱。漫長、痛苦不堪，有些極端情況下甚至可能致命。

情緒陷阱

憂鬱會使人退縮。當一切似乎失去吸引力時，你不僅會停止計劃將來，也可能不做平常喜歡的事。你懶得運動或社交，甚至沒有心情去唱卡拉ＯＫ。

相反地，你會待在家裡，在電腦或電視機前消磨時間，打開一罐啤酒或吃冰淇淋只是為了找些事情做。缺乏活動讓你有足夠的時間沉思。由於你的思想都有一層負面濾鏡，所以想什麼往往都回到孤獨和一切都沒有意義的感覺上。也許你在瀏覽社群媒體，羨慕地看著朋友們唱卡拉ＯＫ的快樂照片。

如果這種負面循環持續的時間夠長，就會導致臨床憂鬱症。**憂鬱症**的定義是連續幾個星期情緒異常低落，且不再從以前喜歡的事物中找到樂趣。憂鬱症是我們社會中最常見的疾病之一，每三名女性和每五名男性中就有一人會在一生中的某個階段罹患憂鬱症。你可能認識正在與憂鬱症搏鬥的人。

憂鬱期通常是由劇變引起的，比如離婚或生病。那些曾經給你的生活帶來愉悅和意義的事物——與朋友出去玩、歡笑聲、責任——都消失了。或者情況可能更微妙，不易察覺。工作量不斷增加，與家人朋友相處的時間越來越少，這些都會逐漸剝奪生活的意義。即使是看起來正向的改變，比如生孩子或開始新的學習課程，也可能引發憂鬱，因為你失去了以往的日常工作和快樂來源。

憂鬱症狀通常會隨著生活繼續前進和事情改變而逐漸淡去。但如果你陷入情緒陷阱，狀態可能持續走下坡。日子變得難熬。一切都不吸引人。你會拖延並取消計畫。你變得咄咄逼人和厭惡自己。與朋友相聚或面對問題都感覺像是艱難的任務，於是你越來越退縮。最後，你幾乎下不了床；把被子拉上來蓋過臉，窩在裡面，只有陰暗的想法陪伴著你。

如果你認為自己有上述這些症狀，請聯繫你的醫生。行為原則可以用來治療臨床憂鬱症，但如果你的感受低落不已，單靠自己很難成功。憂鬱症可能也有潛在的生理因素，在這種情況就需要採用其他方法進行治療。

不過，如果你正在經歷「正常」的情緒低落，那麼本章就是為你而寫的。

當情緒處於低落之際，你可能會從四面八方聽到一堆出於善意的建言。「往好的方面想」是典型的建議。遺憾的是，我們很難從痛苦的監護權之爭和缺乏洗碗的力氣中看到積極的一面。沮喪時，消極的想法會讓你比平常更難看到光明面。

有些人會努力「選擇愉悅」。但你現在大概已經知道，我對試圖僅透過意志力來改變情緒的看法了。

行為原則

現在，我要分享我從五年的心理學研究中獲得的最具革命意義的見解：做有趣的事情會讓你快樂。

在你闔上書、將這本書擺到書架後排（前排書籍後面，除了一團團的灰塵、舊收據和一顆被遺忘的螺絲釘之外，什麼都沒有）以前，請聽我把話說完。

感覺沮喪是一個信號，表示你的生活沒有按你所願的方式發展，表示你缺乏情境、愉悅的來源或更高的目的。又或者你已經把這些事情列在紙上，卻不再積極實踐這些計畫。從這個角度看，你會覺得沮喪並沒有什麼「錯」。相反地，這是一個重要的情緒信號，顯示你的日常生活需要改變，才能讓你再次茁壯。

心情低落時，你可能覺得自己的憂鬱情緒就是問題所在。你認為自己必須停止不快樂的感覺，才能採取不同的行動。事實上，情況恰恰相反。改變習慣就會改變情緒。行為原則就是抵抗憂鬱和興趣缺缺的感覺，去做那些通常能讓你感到快樂和充滿活力的事情，即使不像以往那麼有趣。去尋找你渴望的社群，即使一開始可能很難。

這就是如何掙脫情緒陷阱枷鎖的方式。你會感覺稍微好一點——反正比躺在沙發上盯著天花板要好。有了更多期待的事情，早上起床就變得輕鬆一些。你的思想變得更樂觀。你的精力越來越充沛，你有更多力量去面對問題。漸漸地，你對生活的渴望又悄悄回來。心理學三角的惡性循環已經轉變成良性循環。

我有位朋友在六個月內經歷了這樣的過程。丟掉了飯碗又被女友甩掉以後，他每天都在搜尋職缺廣告，為失去的生活悲傷。當時正值隆冬，他連燈都懶得開，獨自坐在那裡狂看《辦公室瘋雲》（The Office）防止焦慮。他試過網上交友，但發現難以保持輕鬆愉快、有趣的對話，認識的女人很快就不再回應他的訊息。他和朋友見面，但大多數時候都心不在焉，沉浸在自己的思緒裡頭。

三個月後出現轉機。朋友和家人善意的建議終於打動了他，他意識到自己不想繼續這樣下去。在周圍人的熱切鼓勵下，他刪除了交友軟體，並安排了特定時間找工作。如果情況許可，他會和朋友一起找工作，他們可以監督他，確保他沒有偷懶跑去看一下Netflix。剩下的時間，他用來重拾往日的興趣和友誼。出乎意料之外，救贖是一把薩克斯風。他兒時有個夢想是希望能夠演奏「無心的呢喃」（Careless Whisper），這個靈感促使他開始學習薩克斯風，幾個月後，他得意地（雖然不完美）吹奏出他的第一首瑞典流行樂團ABBA歌曲。

這不是假裝快樂的問題。你不需要參加派對、勉強笑臉迎人或做任何讓你感到不自在的事情。你也不必穿上運動服去跑步，如果感覺生活太混亂，連走到公車站都很費力。你要找到真正讓你感到快樂的事情，對你有意義的事情。一步一步來，即使一開始可能很困難。循序漸進，你的思想和感受會慢慢跟上。

讓我進一步解釋。

該怎麼做

找出讓你感覺不錯的活動

什麼事情會讓你感覺不錯？幸運的話，你會想到這個問題的許多答案。也許你會想到，已經有一段時間沒見到朋友了，或者很久沒去看足球比賽。

或者，你可能想不出任何答案。你的生活充滿了責任和義務。也許你從未真正停下來問自己，你到底喜歡什麼。

我想讓你坐下來，寫下一份你感覺不錯的活動清單。從餵鳥、烘焙麵包到買新車或去希臘度假，什麼都可以。如果你需要靈感，我等下就會提供你一些可行的例子清單。如果你有行事曆，可以回顧幾個星期前，想想你最近做過哪些讓你「怦然心動」（sparked joy）的事情。

現在就行動。你找不到比現在更好的機會了。

你可能想把這些活動分成不同的類別。你不可能每天晚上都泡在按摩浴缸裡喝香檳。列出你可以獨自做的事情，還有你可以和家人或伴侶一起做的事情。列出你可以平日晚上進行的簡單活動和需要努力的大型項目。有需要採取行動的事情，也有比較輕鬆的事情。

我要強調的是，讓人感覺不錯的活動不一定要有趣。有很多事情，像是重量訓練、清理車庫或志願幫助弱勢兒童，即使是非常辛苦的工作，也可以讓你感到有價值和意義。重點是要找到能長久讓你感覺不錯的事，當然，短暫的快樂，比如性愛和美酒，也是可以。

但不包含那些會讓你分散注意力或掉進情緒陷阱的活動——那些容易讓你陷入其中但實際上不會讓你感覺不錯的事情。也許你花了幾個小時觀看YouTube影片，或者發現賭博能夠暫時緩解空虛感。如果有，請把它們單獨寫在一張「感覺差勁」的清單上。

也許你卡關了。你試過卻想不出自己想做的事情。如果連續幾個星期都有這樣的感覺，你應該找別人談談，因為可能是臨床憂鬱症。然而，如果只是暫時的低潮，那就試著寫下你可能會喜歡的任何事情。你過去喜歡做什麼？其他人似乎喜歡做什麼？

我並不建議你根據別人的想法來尋找樂趣。我的青少年時期都在服飾店和派對中度過，卻不明白為什麼自己這麼不開心。直到成年後，我才恍然大悟，也許我沒有什麼問題，只是把時間花在不適合我的環境中。

臨床憂鬱症患者可能同時工作效率很高。你的行事曆排得滿滿的，但並不是你特別享受或覺得有意義的事情。你安排的是你覺得「應該」做的事情，而不是你真正渴望去做的事情。

這個練習可能會帶來很多突然頓悟的時刻。在治療中常見的發現是，有些人根本不喜歡獨處。和朋友出去玩時，你們往往用美食和娛樂來犒賞自己，但獨自一人在家時，你可能會吃便當，看看電視打發時間。也許你需要找到更有意義的方式來度過獨處的時間。

你也可能發現，曾經充滿感覺愉悅活動的人際關係，因為日常生活的現實超越了愉悅，變得平淡無奇。你能想到什麼有趣的事情可以一起做嗎？如果你有伴侶，上一次盛裝打扮出門約會是什麼時候？

可以做的事情：

玩拼圖

去美髮店

重新擺放傢俱

讀本小說

烘焙

幫人／接受按摩

繪畫或塗鴉

學習
參加體育活動
嘗試新的運動形式
散步
做愛
報名參加課程
逛街
做志工
寫短篇故事
打電話給朋友
種植花草
在社交媒體群組上發表評論
拍攝照片

邀請朋友到家裡
去電影院
讀本雜誌
寫日記
送禮物
清理冰箱
觀賞電影／紀錄片／電視劇
聽場音樂會
在家裡進行水療活動，享受泡澡和敷面膜
坐火車去你從未去過的地方
去咖啡廳
幫助別人
外出郊遊

調整引擎
上酒吧
製作一件衣服
閱讀一些心靈或哲學的東西
冥想
拜訪某人
在當地休憩中心游泳
投書報紙
自慰
逛跳蚤市場或拍賣會
自己在家唱歌，或者與朋友、合唱團一起唱歌
跟著健身影片運動
打電動

試煮一道新菜色
騎馬
做雞尾酒或果汁
捐款給慈善機構
盛裝打扮
到圖書館借本書
聽講座
約會
檢視財務狀況
跳傘
加入俱樂部
參加宗教活動
加入讀書會

在公園吃冰淇淋
和老友見面
踢足球
抱抱寵物
和人調情
彈奏樂器

你不需要感覺對了才去做

光做夢是不夠的。你必須實際行動起來。這裡最大的挑戰在於，心情低落時，你可能不會想下班後去喝一杯或製作健康的水果冰沙（這就是問題所在）。但無論如何，都要去做。

這就是為什麼我建議擬定計畫。安排一些有意義的活動，不管暫時的情緒低落，你都要堅持做下去。最好的辦法是找到那些讓你感覺不錯的活動，讓它們成為你日常生活的一部分，比如參加夜間課程或定期晨間散步。這樣，你就不需要每次都停下來問自己是否喜歡。你只是在自動駕駛模式下為自己做些好事。

坐下來看看下星期的計畫。確定你有值得期待的事情，最好每天都有。這些事情不需要很大，也許只是打電話給你喜歡聊天的人。以下是一些需要牢記的事情：

- **使你的活動多樣化**。如果把所有幸福都寄託在你的感情或工作上，生活就更容易受挫。離婚後感到無助很常見，因為你的伴侶不僅代表你的愛情生活，還有你的家庭、社交生活、晚上例行活動和閒暇活動。是不是該開始關注其他長期被你忽視的生活領域（健康、朋友、休閒、家庭、工作）了呢？
- **逐漸提高標準**。人們往往會想一次安排所有的事情。當然，每週運動五次對健康有益，但如果你從沙發馬鈴薯的程度開始，這個目標就是不切實際。從現在開始做一些有吸引力且可以實現的事情。你可以隨時再提高標準。
- **選擇對的時機**。最好在你可能從事「感覺不好的活動」的時候，安排一些讓你感覺不錯的活動。你習慣整晚躺在沙發上看電視嗎？看電視可以是一個讓人感覺不錯的活動，特別是如果你有最喜歡的節目，期待觀賞已久或是與心愛的人一起觀賞。但如果只是因為你想不到更好的事情做，所以在電視機前發呆，很快就會變得沮喪。下班後，疲憊不堪的你還能做什麼呢？泡個熱水澡還是參加夜間藝術課程呢？

- **嘗試新事物**。世界充滿了娛樂、課程和社團，只有你去嘗試才會知道什麼適合你。當你心情好時，好奇心通常更容易產生，所以等到有衝勁的時候再嘗試新事物是自相矛盾的作法。有個不錯的經驗法則是，在認為某項活動「不適合我」之前，先嘗試三次。
- **社交**。人類的本性並不是生活在封閉的個人公寓裡，除了每隔幾天和超市收銀員點頭示意之外，沒有任何社交活動。試著找到一個可以與人相處的社會環境。也許是俱樂部、志願者計畫或業餘愛好。最好找到和你有共同興趣的人，並定期見面。

在生活中的某些階段，特別是那些突然打破原有的例行日常，需要建立新生活習慣的時候，規劃一些讓自己感到愉悅的活動尤為重要。退休、假期、生病、生小孩、失業、搬遷到新城市……，如果你失去了以往令人愉悅的活動卻又找不到替代活動，很快你就會感到沮喪。可以的話，試著預先考慮自己的需求。在搬到新城鎮之前，調查一下有哪些機會可以讓你維持自己的愛好。

這種情況在新冠疫情期間變得非常明顯，當時一夜之間社會停止運作，許多人被迫完全重新安排自己的日常生活。有些人擺脫了讓自己感覺不好的活動，比如通勤和不得不參加的家庭聚會，他們發現有更多的時間可以投入到自己的興趣愛好中。相反地，有些人失去了同事間的友誼和咖啡時間的聊天互動，只能困在家裡，與洗手液和大包衛生紙作伴，沒有太多值得開心的事情。

全心全意去做

你的大腦無法分辨人是坐在辦公室裡，還是悠閒地躺在椅子上坐日光浴，手裡拿著椰子飲料。如果你一直思索著工作問題，無論身在何處，你都會感到緊張和壓力。

同樣的道理也適用於行為原則。為了讓行為原則發揮作用，你必須全心投入到你所做的事情中。如果你只是躲在角落裡玩手機，不是去跳舞或聊天，那麼你參加派對也得不到任何好處。即使你去了一千間藝術畫廊，如果只是一味地想著「為什麼我不喜歡這個？」、「我到底出了什麼問題？」而不是真正去欣賞畫作，那你可能會度過一段很糟糕的時間。

試著專注於你現在正在做的事情。盡你所能讓自己進入狀態。你可能不是一直處於參加派對的心情，但你可以做一些通常在參加派對會做的事情來幫助自己進入那種心境：播放一些振奮有活力的音樂，準備一些派對小點，精心打扮自己。這樣，你可以為自己營造環境，讓自己也感受到其他正向情緒，比如創造力或興奮。

我必須強調，這並不是要假裝自己心情很好。不要強顏歡笑，假裝快樂——那只會感到虛偽做作，內心空虛。讓自己感受真實的情緒，並選擇採取不同的行動。即使心情不好，也可以努力與人相處。坦誠地表達你的感受。比如，同事邀請你喝啤酒，你可以說：「今天我的心情不太好，所以可能不太適合陪伴。但如果可以的話，我還是想和你們一起去。」真誠通常比假裝熱情更好。

做事時，要全神貫注未必容易。也許你正在和朋友吃午餐，但無論多麼努力，你的心總是會飄向你知道之後必須面對的挑戰。

如果你發現很難專注在當下的狀態，練習正念會有所幫助。有意識的存在，或稱為正念（mindfulness），指的是積極地將注意力集中在眼前正在發生的事情上。你可以選擇將注意力放在哪裡，而不是關注腦中出現的每一個想法或感覺。這種「注意力肌肉」（attention muscle）可以經過訓練。現在有很多應用程式和課程，適合想學習一些方法的人。

當然，這種技巧並不是百分之百有效。你可能在一家高級餐廳訂了位，衣冠楚楚，盡力保持對話的順暢進行——但浪漫的感覺就是沒有出現。

別擔心，這種情況每個人都會遇到。還會有其他機會的。

行為原則並不是一種強迫激發情緒的技巧，而是為理想情緒的產生盡量營造最佳

確保你有期待的事情，最好每天都有一些。

的環境條件。邀請這些情緒，希望它們自然產生。

給你一句忠告：做得過火可能和什麼都不做一樣有害。如果你想做的事和你試圖哄騙自己去做的事之間差距太大，那就行不通。想像一下，你不想去參加聚會，卻還是硬著頭皮前往，喝得酩酊大醉，大聲唱著不成調的歌曲，假裝很開心。又或者，你和伴侶出現問題，而且感受不到愛情，但你沒有選擇在當地餐廳安靜地吃頓晚餐，而是找個奢靡的週末去度假，在飯店房間裡放滿了心形的氣球，然後提出求婚……。

如果你想做的事情和你鼓勵自己去做的事情之間的差距變得太大，就會讓人感覺很勉強。從小舉動開始，逐漸提高標準。

愉悅無法強求。但如果你經常在行事曆中留出空間，邀請愉悅來臨，你會發現愉悅開始越來越頻繁地接受邀請。

克制你的過度思考

行為原則並非治療不愉快感受的萬靈藥，只是一種處理這些感受的方法，使不愉快的頻率、強度和持續時間最小化。生活會讓你面對各種挑戰，從失去親人、疾病到排隊在你前面的那個人買走最後一顆甜甜圈。人不可能永遠快樂，你必須接受會遇到挑戰的事實。

舉例來說，**悲傷**是對失去重要的人或事物的自然反應。你無法透過分散注意力來避免悲傷。遲早有一天，你必須正視事實，學會接受生活中最艱難的現實。每個人都會死去。好人也會遭遇可怕的事情。兩個人可以相愛，但最後可能發現分開更適合。

談到悲傷，建議採取「交替」方式。這表示讓自己悲傷的同時，也要進行一些日常任務和讓自己感到愉悅的活動，交替進行，以保持體力和耐力。

試圖以任何代價避免難受情緒的人，很可能會為自己製造更多問題。忽視問題通常會讓問題變得更糟。你可能月復一月隱約感覺事情不對勁，這種心神不寧的感覺揮之不去。你對生活的現狀感到失望，工作沒有前景，感情沒有歸屬，但你沒有停下來採取任何行動，而是靠運動或電動逃避現實。

不要迴避難熬的想法和感受。記得停下來——在運用行為原則之前，你需要真誠地努力理解這些感受來自哪裡，並修復可以修復的問題。

這是需要謹慎處理的情況。因為理解自己的情緒是有極限的。試圖理解自己的思想和感受未必總是有助益，甚至可能成為一種情緒陷阱。

我說的是耿耿於懷。

耿耿於懷，或反覆思考，指的是你陷入消極的思維模式而無法自拔。你把時間花在反覆思考同樣的事情：你的感情問題，你後悔的決定，你遇到的不公正待遇，別人對你的看法。執著於虛構情景也是常見的情況，然後花時間在想像中解決這些問題。

耿耿於懷通常是試圖理解事情為什麼會這樣。例如，你可能會執著於找到不快樂的根源。是童年創傷，伴侶的冷漠，在學校被欺負的經歷，還是自己的錯誤和缺陷嗎？你以為只要找到問題的根源，就能找到解決辦法。可惜這種思維方式，有十之八九是死胡同。

耿耿於懷不等於解決問題。耿耿於懷通常著重於問題的原因和後果，而不是如何真正解決它們。嘗試解決問題時，重點必須始終放在尋找實際解決方案上。當你耿耿於懷時，或許會感覺自己有所進展，但往往只是分散注意力，以避免實際處理問題。你耿耿於懷想出的解決方案很少付諸實踐，很有可能停留在腦海中，而不去採取任何具體行動來改善你的情況。

耿耿於懷也不等同於情緒處理。正如我所說，悲傷是一個學習如何接受和適應新環境的過程。耿耿於懷讓你繼續活在否認中，發狂似地試圖把困難但有益的領悟拒之門外，繼續和它們爭辯。你可能一次又一次地問自己：「我做了什麼才會變成這樣？」答案是：什麼也沒有。壞事發生在無辜的人身上，我們任何人都無能為力。真正的問題是：無論發生了什麼可怕的事情，你如何讓自己的生活重回正軌？

「我還能做些什麼不同的事情呢？」你可能躺在床上想。答案是：很多。但你無法改變過去。你必須充分利用現在和未來。

愉悅無法強求。但如果你經常在行事曆中留出空間，邀請愉悅來臨，你會發現愉悅開始越來越頻繁地接受邀請。

這裡有一個技巧可以區分耿耿於懷和更有成效的類似行為，如解決問題、處理情感和自我憐憫。如果你腦中出現一個不愉快的想法，而且是你之前思考過但沒有結果的事情，那就設定一個兩分鐘的計時器。鈴聲響起時，問自己在過去兩分鐘內是否離解決問題更進一步，或者獲得任何重要的見解。如果沒有，很可能你只是在耿耿於懷。

這個練習剛開始可能很困難，但隨著時間過去，你會變得很擅長發現耿耿於懷。克服耿耿於懷的最佳方法是積極行動。當你閒躺在沙發或床上自怨自艾時，憂鬱的情緒就會蔓延。這是一種情緒陷阱，只會覺得更糟糕，打斷它，做些其他事情，任何不會直接造成傷害，且可以幫助你擺脫負面思維的事情。沖杯茶，回到你的書本上。拿出你的感覺不錯的活動清單，隨意選擇一些事情來做。

*這不會有幫助，你的想法可能會抵抗。**你無法逃避艱難的童年／生命的無助／老闆的不合理要求。***忽略它們。你在情緒低落時會變得不擅長解決問題。帶狗出去散

步，看看生活是否會變得明亮些。

勇於夢想

當你感到低落時，很容易走入存在主義的誤區，問自己一些重大的問題。我是誰？這真的是我的人生應該走的路嗎？這一切的意義何在？

就我看來，偶爾陷入存在主義危機並沒有什麼不好。當然，認真檢視你的人生，並意識到自己並不喜歡所看到的一切，這可能會令人痛苦，但我認為這比繼續盲目地在倉鼠輪上奔跑，最後懊悔錯過所有機會更好。

然而，記住我說過積極情緒和消極情緒有不同的功能嗎？情緒低落使你更容易發現問題，並找出阻礙。不幸的是，這些消極情緒也會讓你不擅長處理問題。當你心情好時，你才能看到機會，並有精力去做出改變。

你可能認為，行為原則似乎太過簡單，在面對實際問題時難以奏效。你說的對：單靠拼圖遊戲是無法找到工作或修復婚姻危機的。你需要解決造成你不快樂的根本原因，無論是孤獨、感情問題還是令人心碎的工作。

但在著手思考這些重要問題之前，先讓自己振作起來通常是個好主意。就像只有速度夠快的情況下，你才能騎單車翻筋斗；只有日常生活擁有規律和樂趣時，你才能應對人生中的重大問題。

一旦你感覺相對穩定，那就是時候該退後一步思考了。你想要什麼樣的人生？真正要的是什麼？

在現代西方文化中，我們常常將幸福與成功混為一談——成功的事業、理想的伴侶、享受異國風情的假期和健康的體魄。暫時拋開這些標準，想一想幸福對你意味著什麼。可能意味著上述領域取得成功，也可能完全不同。可能意味著在大自然中度過時光、貢獻社會、享受自己的身體或擁有親密的友誼。你是在人群中最快樂還是喜歡獨處？你想要專注於事業還是減少工作時間？

如果沒有期望或社會慣例的束縛，你會怎麼生活？

如果你沒有阻礙自己的話？

如果你寫下一份遺願清單，列出你在死之前想要完成的事，上面會有什麼？當然，生活中的現實問題也不能忽視。現在也許不是辭去工作、帶著家人搬到鄉下開一家麵包店的最佳時機。或者，也許是時候！無論如何，知道自己內心渴望什麼是好事。生命太短暫，不值得讓自己停留在不開心的環境中。目前也許無法徹底改變你的生活，但幾乎總是可以朝著正確方向邁出一步。

如何行動起來是下一章的主題：動機。

如何幫助朋友

考量到現在憂鬱症的普遍性（更不用說日常的情緒低落），你可能認識幾個正處於憂鬱情緒困境的人。有時候，顯而易見。他們可能變得悲傷且沉默寡言。有些人變得脾氣暴躁、易怒。有些人戴上面具，笑得很開心，但從洗手間出來時，眼睛卻紅腫。大多數人的共同點往往是退縮。他們封閉自己，不回訊息，不再像以前那樣參與他們喜歡的各種事物。

身為局外人，可能很難知道要如何行動。是應該關心他們？還是給予空間？是該鼓勵他們活動還是休息？

如果你注意到有人情緒低落，只需簡單詢問他們的近況，並且認真傾聽他們的回答，就會有很大的幫助。「也許只是我想太多，但你看起來有點沮喪。你還好嗎？」這是一個好的開始。不需要提供解決方案或深奧的智慧，相反的是，只要簡單聽他們分享、不讓他們獨自沉浸於自己的思緒中，就可以帶來莫大的幫助。

你或許自己也經歷過難熬的時刻，發現在你試著向人傾訴時，別人總是想要提供你「有用的」建議。在傾聽時，不打斷別人的話，或試圖輕描淡寫地看待情況，是一門藝術。

或許你可以把「停下來（STOP）」原則牢記在心。始終以展現憐憫開始；體諒對方的感受，理解他們為什麼遇到困難，很重要。只有這樣，你才能幫助他們想清楚、檢視不同的選擇，並決定如何付諸實踐。

當然，當事人也許不想說話。在這種情況下，你只能接受這一點。告訴他們，如果他們改變主意，你會在他們身邊。

有些人扮演張老師角色扮演過頭，成了朋友圈、職場或家庭的心事解決專家。這個對你和正在承受難過的人來說都不是個好主意。作為朋友或親戚，你可以提供寶貴的支持，但你不能取代專業的心理治療師。

如果你認識狀態很差或經常需要在半夜打電話談心的人，鼓勵他們尋求專業的協助。你甚至可以提議陪他們撥打諮詢專線，或者預約醫師。如果這個人有具體的自殺計畫，即使你答應不告訴任何人，也請撥打緊急求助電話——大多數人在感覺好轉後，都會感激你出手干預。

請記住，沉迷於問題並非總是有益。正如思緒可以分為解決問題、情緒處理和耿耿於懷，交談也可能變成無休止的抱怨。鼓勵對方表達他們的感受以及他們打算如何應對自己的情況，然後把話題轉移到更愉快的事情上。

真希望我在浪費無數的時間在咖啡廳裡抱怨男友和不稱職的老闆之前，就已經知道這點，應該把時間花在與朋友一同歡笑和享受快樂時光。或者，在我和伴侶試圖解決感情問題時，更好的解決辦法應該是減少尷尬的對話，增加上餐廳約會的夜晚。

第一步是交談。

而第二步是行動。

憂鬱症患者通常對參加有趣的活動不太感興趣。這是情緒陷阱的一部分，所以不要對此太在意。但他們能參與的趣味和有意義的事情越多越好。

鼓勵他們堅持自己的規律生活。例如，他們對於上班或去健身房等事情都會有很大的抗拒感，但事後通常會感覺好一些（至少比待在家裡捧著一盆起司餅乾哭泣來得好）。幫他們洗碗或打一通困難的電話可能會有所幫助，但你也必須記住，他們自己能做的事情越多，他們會感覺自己越有能力。

建議很少得到感激。如果每位憂鬱症個案接受「開始運動」的建議，我就能得到一分錢，那我現在都可以買艘郵輪出海，並航行遠離所有健身狂。不管這是不是好建議，不停嘮叨並不能激發出動機。當然，這讓站在一旁拼命提供建議的家人非常沮喪，看著他們所愛的人在情緒陷阱中越陷越深。

最好的辦法是，先從你知道對方喜歡的活動開始鼓勵他。例如，一起制訂計畫，或提議某個晚上幫忙看孩子，這樣他們就可以去參加演唱會。當然，你絕對不能給狀態差的人太大的壓力，但在他們抗拒時，給予他們一點額外的鼓勵是完全合適的。「來吧，你不一定要開心，但能見到你在那裡就太棒了！」

有時，知道即使自己在最低潮的時候朋友們仍然想見到你，就足以讓自己勇敢地邁出下一步。

第三章

克服拖延和缺乏動機

情緒陷阱：等待動機
行為原則：開啟行動

關於動機

我們都希望有那種電影中的快速切換畫面。英雄克服了他們的渴望和懷疑，最終下定決心：臉上露出堅定的表情，他們在頭上綁著頭巾，迎接挑戰。他們在早上六點的鬧鐘聲中醒來，穿上跑鞋，踏著雨中濕漉漉的街道，沿著樓梯跑上去，被運動器材絆倒，然後與朋友（一手拿著計時器，一手拿著甜甜圈為他們加油）擊掌。

我們夢想著有動機。**動機**就是那股內在的推動力，驅使你為了實現目標而行動。動機使開始變得更容易，使工作變得更努力，比起沒有動機時更能堅持下去。簡言之，動機是每個人都想擁有的超能力。在心理學中，動機通常分為兩種類型：內在動機和外在動機。

內在動機是由那些本身具有獎勵性的活動所觸發的。從事真正令人愉快的活動，通常不需要特別鼓勵，相反地，要人不吃冰淇淋或玩電動到天亮可能很困難，因為那種感覺太好了。耗費心神的活動也可以觸發內在動機。例如，繪畫或編程可以讓你進入一種心流狀態，你會完全投入到自己正在做的事情中，因為你受到刺激和挑戰。

外在動機是當一項活動會產生積極的結果時所觸發的。每天去上班可能不是件有趣的事情，但你會得到薪水。其他積極的結果可能是地位、讚揚或避免他人的嘮叨。

內在動機有時被認為比外在動機「更好」。事實上，我們同時感受到兩種動機時，往往會表現出最佳狀態。

內在動機使我們更容易專注於手中所做事情的品質，因為我們喜歡這門技藝和自己的技能發展，但與此同時，單靠內在動機可能會變成自我耽溺。只受到內在動機驅使的藝術家，永遠不會向外界展示他們的創作，而只受內在動機驅使的學生也會得到差勁的成績。

外在動機有助於我們適應環境，並分享我們的成就。它通常會讓我們更注重量化的結果，這些結果可以得到他人的認可和重視。

情緒陷阱

動機既令人嚮往，又反覆無常。有時候，它會優雅地出現在你身上，讓你突然有一種想要打掃廚房的衝動。而有些時候，不管你怎麼努力尋找，它卻毫無蹤影。

缺乏動機很容易變成情緒陷阱。當你缺乏那股推動力時，什麼事情都無法完成。你等啊等，靈感就是不願降臨。日子一天天過去，有時甚至是幾個星期，你開始懷疑自己的能力。

這會影響你的思考。樂觀和鼓勵變成了嚴厲的自我批評：*我真是可悲。老是發生這種事情。我為什麼這麼懶？*你會想出各種理由和藉口。你可能會坐著想了好幾個小時，思考自己到底哪裡出了問題。

這也會影響你的情緒。時間越久，你就越失望。你會變得疲憊不堪，無精打采，感覺動機離你越來越遙遠。

所有這些負面情緒都會影響到你的行為。為了麻痺內疚感，你會用千百種事情來分散自己的注意力，任何事情都好，只要不是你真正應該做的事情就好。你拖延和推遲，沉浸在電視連續劇中，或者找其他方法打發時間。其中有一種拖延的行為尤其危險，那就是尋找動機。

由於缺乏動機是一個相當普遍的問題，所以自助類型書籍如雨後春筍般興起，專注於點燃那個人人垂涎的火花。社群媒體上有無數的勵志圖片和名言。演講者用他們振奮人心的人生故事，感動得我們熱淚盈眶。那些肌肉發達的網路紅人，靠著面對鏡頭吶喊，告訴你要振作起來，建立起整個職業生涯。你可以花好幾天的時間追逐那個火花，那種會讓你開始行動的衝動。

只是有個問題：這些技巧之所以不管用，背後有其心理學因素。

行為原則

內在動機和外在動機有一個共同點：獎賞只有在你開始行動後才會出現。只有全神貫注於活動中，你才能感受到愉悅和心流。只有當你有所進展時，你才能開始收割獎賞，不管那個獎賞是更壯碩的二頭肌還是更乾淨的廚房。

當然，你也可以受到長期成果的期待和承諾所激勵。你可能聽過別人歌頌跑步的快感，或者你自己短暫嘗試過慢跑，隱約有些記憶，但這種感覺往往在你真正親身體驗之前都難以理解。所以要讓那種情況發生，你必須先開始行動。

談到動機時，你可以運用行為原則，開始朝著目標一步步邁進。即使你感到疲倦、毫無靈感。即使你的大腦告訴你，你還不夠好。一旦你開始行動並看到成果，動機通常就會隨之而來。

如果你幸運的話，也許偶爾會感到一股突如其來的自發性動機，但這並不是開始行動的必要條件。反過來看，如果期望的活動不能激發內在動機或外在動機，那麼最初的火花也不會讓你有任何進展。這才是讓你堅持下去的原因。

這聽起來可能像是耐吉口號「做就對了」的舊酒裝新瓶。如我所說，如果真的那麼簡單，你早就做了。但行為原則更多的是關於如何做到這一點。如何設計任務以激發動機？如何開始？如何應對挫折？

讓我引領你進入動機培養的美妙藝術。

缺乏動機的其他原因

有時，你缺乏動機可能是其他情緒陷阱的症狀。為了成功，你需要解決煩惱的根本原因。

感到情緒低落嗎？本章主題與完成任務有關。情緒低落時，你常常會感到無聊、疲倦，對大多數事情都沒有動力（除了看電視和其他逃避現實的方式）。閱讀前面關於快樂的章節並努力實踐，等你恢復一些精力後再回到這裡。

績效焦慮或完美主義讓你動彈不得了嗎？如果你害怕犯錯，就很難把事情做好。這可能是因為你抱持不切實際的觀念所造成的，認為必須達到完美的標準才能展開任務或公諸於世。閱讀本章和下一章關於擔憂和焦慮的內容，練習採取「夠好」的標準行事。

該怎麼做

你的目標到底是什麼？

動機是朝著目標前進的驅動力。也就是說，目標是動機的前提。不幸的是，情緒陷阱往往讓我們在設定目標時感到絕望。這可能透過多種形式表現出來：

- **目標不明確**。你強烈感受到自己目前的處境不能再繼續下去，但又難以構思出更好的替代方案。你覺得自己應該「多讀書」、「保持身材」或「掌控自己的生活」，但你不確定自己到底想要什麼，也不知道該如何做到。
- **目標不切實際**。你瘋狂地熬夜觀看激勵人心的影片，並向自己保證明天早上五點起床，做一百個伏地挺身，讓夢想成真。結果第二天早上五點鬧鐘響起時，你按一下小睡鍵就會放棄之前設定的整個想法。
- **目標不吸引人**。你只是看別人在做什麼，就試圖模仿他們。即使你並沒有真正想要進行重訓，或者學習醫術或者其他什麼。
- **沒有目標**。你不敢設定目標。如果沒有目標，就不會失敗！真天才！

現在，我想要你對自己實話實說。你想要達成什麼目標呢？

當你認為自己有了答案時，我想再問你一次：你真正想要達成什麼？

這裡最常見的錯誤是：設定的目標其實並沒那麼吸引人。一個典型的例子是，你

「應該」去健身房，於是你乖乖地辦了一張年卡，卻從未使用過。也許你真正的目標應該是找到一種你真正喜歡的運動方式。

你真的需要變得更有魅力嗎？抑或是實際目標是讓自己感覺很好？你真的需要擁有更多錢嗎？還是你的實際目標是擁有更愉快的日常生活？你真的需要表現得更好嗎？還是你真正的目標應該是設定更實際的期望值？

當你知道自己想要達成什麼目標（或至少有個像樣的想法）時，下一步是將這個模糊的願景轉化為具體的目標。你可能聽過這個說法——好的目標具備SMART。

- **具體**（Specific）。與其制定「多學習」這樣模糊的目標，不如試著制定一些具體的目標，比如「平常日每天學習三小時」或者「能夠回答課本上所有的問題」。
- **可測量**（Measurable）。想要有動力，你需要能夠看到自己的進步。不要只說「少吃肉」，你的目標可以是「每星期吃素三天」。這樣做可以減少找藉口的機會，一旦實現了目標，也比較容易放鬆心情。

- **可實現**（Achievable）。你現在的生活是什麼樣子？如果你從事輪班工作，有年幼的孩子，住在需要修繕的房子裡，那麼仿效專業健身網紅的鍛煉計畫可能不是一個可實現的目標（因為他們全職從事運動影片的製作，並且每天都有來自他們十萬訂閱者的支持）。每天午休散步，週末好好鍛煉，也許更容易實現。當目標具有挑戰性但又在可行的範圍內時，我們的表現會最好，這樣我們就知道，只要努力，就一定能成功。
- **關聯性**（Relevant）。你可以做的事情有千百種，所以你需要專注於真正重要的事情。當一個目標涉及多人協作時，這一點可能尤其具有挑戰性。如果其他家庭成員目前將工作、興趣愛好或朋友放在首位，那麼設定像「多花時間陪家人」這樣的目標，可能會導致衝突。請設定與所有人都有關聯的共同目標。
- **時間性**（Time-bound）。為什麼你在枯燥乏味的工作中表現出色，卻很難投入自己的熱情所在呢？我們在截止日期的約束下（只要是合理的期限）會受到激勵。預約一趟托斯卡尼之旅，出發日期訂在義大利語言課程結束時，這樣你就會更有動機去練習你的語言技能。

目標有各種不同的類型，取決於你想要實現什麼。比方說，你和幾位朋友組成一支樂團。你們可以設定成就目標（錄製專輯）、過程目標（每星期排練兩次）或學習目標（背譜歌曲）。

如果是你已經知道該怎麼做的事情，只是想要開始行動，那麼設定成就目標往往能取得最好的效果。

換個角度，如果你正在開始一項新的事物，那麼設定學習目標可能效果更好。如果你把目標設定得太高，像是「寫一首熱門歌曲」，但你連吉他和斑鳩琴的區別都不清楚，就會產生巨大的壓力。你會忍不住跳過學習基礎知識的階段，因為演奏焦慮而苦惱不已。「學會吉他最常見的五個和弦」可以作為一個開始，或者是「學會如何寫歌」。從未寫過書？從學習如何寫書開始吧。

寫作夢

小時候，我和許多人一樣，夢想成為一名作家。我花了好幾年做白日夢，幻想自己將出版各種書籍，但奇怪的是，這些書並沒有自己寫出來。我在Word空白文件中做了一些勇敢的嘗試，但到頭來都是垃圾。我刪掉了所有的內容。

我開始意識到，如果真的想做這件事，我需要幫助。我想了好久才做出決定，最終，我暫停攻讀心理學學位，開始參加社區大學為期一年的寫作課程。心理學可以等等，我要向專家學習如何寫作。

幸運的是，我已經有了一半的心理學學位，因為當我坐在寫作課堂上時，我簡直不敢相信老師口中說出的那些迷思。「你必須相信過程，」這個建議是講給那些陷入寫作困境、狂追《六人行》來麻痺焦慮的學生聽的。「這個過程沒有對錯之分。也許這就是你需要的。」他們顯然陷入了情緒陷阱。而老師放任這一切繼續下去。

至於我，我不知道如何寫一本書，所以我讀了專業作家的訪談和一本關於如何寫作的書。顯然，我們應該把寫作視為一份工作（如果你真的夢想把寫作變成你的工作，而不單是為了娛樂的話）。我做到了。我早上起床，刷完牙然後就去作家會客室。

我忙碌了幾個星期。實際上是幾個月。我每天寫三頁，結果寫得非常糟糕。我拿給朋友們看時，他們連熱情都裝不出來。

大約在聖誕節左右，我突然靈光乍現。終於突破了小說的開頭幾個章節，並且開始認識書裡面的角色。他們開始用自己的聲音說話。在十一月的某個時候，我已經精疲力竭，不再煩惱「應該」怎麼寫作。反而，我只是把想到的都寫下，文字變得流暢許多。

我的截止日期是六月，就是課程結束的時候。我已經為自己的作家夢付出了一年的時間，然後就得回歸心理學研究中。雖然十月份的章節進度緩慢，但到了五月份，這些章節已經迅速湧出。

我完成了這本該死的書。

原稿被二十家出版社回絕。我是如何熬過這一整年的回絕，那是另一個故事，但在這期間，一家專注於廣泛娛樂文學的新瑞典出版社出現了。這本書被接受了。

是的，他們要求我重新撰寫糟糕的開場章節，但小說《燃燒所有橋樑》（Burn All Bridges）還是問世了。而且，信不信由你，它的銷量是平均新人作品的十倍。

遊戲化

當你陷入缺乏動機的情緒陷阱時，常常會以為問題出在自己身上。你覺得是自己太懶惰、不守紀律，或是態度不好。

你可以用簡單的方式讓任務變得更有動機，何必與這些令人不愉快的想法對抗呢？

英國有超過半數的人時常沉浸於電玩遊戲中是有原因的，電玩遊戲的巧妙設計能夠吸引玩家。專業的遊戲開發者了解人類心理，能夠按下所有正確的按鈕，喚醒我們潛在的動機。他們可以讓經營虛擬麵包店比你在自家廚房烘烤同款蛋糕更有趣，不過只有後者才能讓你真正可以享用到美食。

當你陷入缺乏動機的情緒陷阱時，可以從電玩遊戲世界中學到很多東西。讓我們來看看**遊戲化**的幾個常見元素，你可以利用這些元素，讓大多數的日常工作變得更具動機。

設定短期目標

電玩遊戲不會只用一個最終目標（拯救公主）來吸引玩家。你會不斷遇到短期的里程碑（從歐克手中奪回你的劍，找到旅伴，尋找森林中的巫師）。面對看似複雜而艱鉅的任務時，我們很容易失去動力。我們感到壓力重重，不知從何下手。然而用另一種方式，遵循一條規畫好的路線前進，下一個目標近在眼前，這樣就更容易保持動力。

設定好的短期目標是一門藝術。如果目標太容易，你會感到無聊，如果太難，你會放棄。當任務的困難程度與你的能力符合時，你會變得完全投入在解任務當中，產生所謂**心流**的暢快感。這需要付出努力，但你會不斷取得進步。你會感到被激勵和有能力。

里程碑也可以幫助克服**拖延**問題，也就是延遲任務執行，即使明知這件事以後會帶來麻煩，你還是一拖再拖。當你試圖逃避一個不知道如何解決的困難任務時，閱讀傳單或替家裡盆栽澆水可能會突然變得像是迫在眉睫的事。幫自己一個忙，擬定一個適當的計畫。

如果你想擺脫缺乏動機的困擾，你需要從設定可實現的短期目標開始。選擇一些簡單的任務，不要花費太多時間，這樣你就可以開始行動，並迅速看到成果。將目標設定低一點，然後逐漸提高，比起目標定得太高而放棄來得好。這是我在治療過程中常常看到個案們苦惱的問題。他們因為沒有認真讀書／家裡亂糟糟／不運動而感到羞愧，但同時又因為自尊心太強，不願設定低水準的目標。

好消息是什麼？行為原則也適用於此。即使起初設定低目標讓你感到尷尬，一旦你看到自己在很重要的領域中確實有所進步，這種羞愧通常會轉變為自豪。

所以，為你的項目制定一個計畫吧。如果你對這個主題了解不多，那麼第一步就是要學習足夠的知識，以便制定合理的計畫。可以閱讀一本書，參加線上課程，或者邀請知識淵博的人共進午餐，向他們取經。

如果有人（比如經理或老師）給你一項任務，而你不確定自己是否理解，請向他們詢問清楚。記住：如果任務不明確，很難找到完成任務的動機。你可以告訴他們我這麼說。

也許偶爾會感到一股突如其來的自發性動機，但這並不是開始行動的必要條件。

假設你想整理地下室。但你一探頭，看到一團混亂，很容易就會失去幹勁。試著將整理地下室拆解成幾個步驟——移動箱子，將東西分類堆放，去回收中心，安排庭院拍賣——這樣就會變得更容易管理。然後，每個步驟都可以進一步細分，直到你覺得每個步

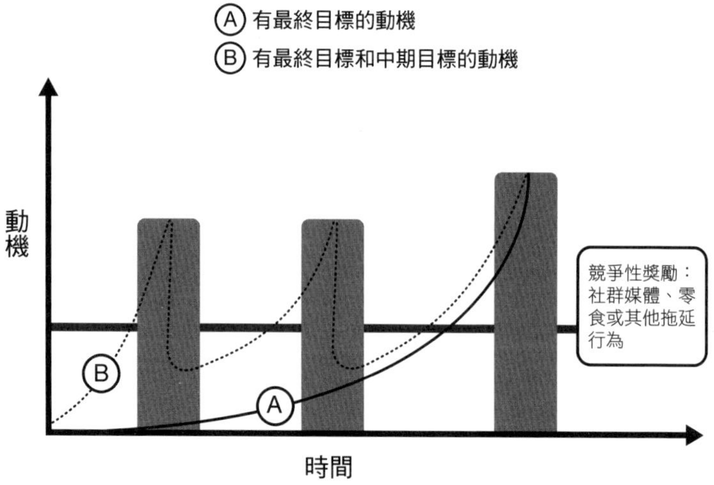

驟都可以完成的程度。

你可以從一個小目標開始。**小目標**是你現在就可以開始做的事情。可以是整理你的辦公桌、安排一場會議或者訂購你需要的材料。一開始就輕鬆取勝！

提醒一下。計劃在一定程度上是好事。但計劃也有個限度，超過限度，計劃就變成了拖延。不要花費太多時間在一直閱讀、制定詳細計畫或選擇作文主題。計畫永遠不會完美。決定花多少時間進行規劃才合理，然後繼續下一個步驟，不要管你對計畫是否完全滿意。

努力的回饋

為了保有長期堅持下去的耐力，你必須注意到自己所取得的進步。你需要知道自己正在發展技能，或者正在接近你期待已久的獎賞。

在電玩遊戲中，你隨時都會得到回饋。每次你做出正確的動作，都會得到積分或鼓舞人心的歡呼聲。在與敵人戰鬥時，偶爾在螢幕角落會有個生命值血條，顯示每次攻擊會消耗敵人多少體力。你永遠不用懷疑自己是不是走在正確的道路上，或者是否使用了最佳的策略。一切都清晰可見。以這種方式成長並感覺自己有能力，就像是一種讓人上癮的毒品，能激發出內在動機。然而，現實世界很少提供如此全面的回饋。如果我們都能有一位睿智的導師在身邊，不斷地鼓勵我們：「沒錯，繼續努力！」，或者提供我們改善的建議，那將是再好不過了。如果你不夠幸運，可能只有一位經理，每年只會在績效考核時或只有課程結束的考試中與他見面，你只能希望自己學對了東西。

正是因為有這些具體的回饋，才會讓清潔打掃或修剪花草等任務變得如此令人滿足。你可以清楚看到吸塵器吸起了多少灰塵，拖過以後的地板有多光亮。

一聽到「回饋」這個詞，大多數人都會想到批評，但事實上，鼓勵通常比責罵更能激勵他們。知道自己做對了什麼，應該繼續做什麼，久而久之，你做對的事情就會越來越多。想像訓練一隻狗去跳圈圈，每一步都用食物和讚美來鼓勵牠。如果一隻狗每次做錯都會受到懲罰，牠最後就會變得神經衰弱，被大聲呵斥時會嚇得呆在原地不動。

建設性的批評也是有幫助的，但需要具體且抱持善意，並強調可以改進的具體事項。揶揄和嘲笑會摧毀幹勁。所以問題是：怎樣才能獲得關於自己努力的回饋？你有導師、學習小組或社群媒體可以展現自己的作品並獲得回饋嗎？能買一隻智慧型手錶或利用運動計畫來記錄你的進步嗎？

跟別人敞開心扉尋求回饋可能讓人覺得害怕。因為大家擔心被嘲笑或批評。雖然這種擔心往往太過誇張，但也許是合理的，因為提供有用的回饋很困難，不是每個人都能掌握這門藝術。

你可以試著分享一些你不是很在意的小事。如果能得到有用的回饋，就可以分享更多。如果沒有，你也可以繼續去問其他人意見。

休息室裡的比斯吉

為什麼存錢退休、減肥或戒菸這麼難？因為這些事情在當下讓人感到痛苦（所以無法激發內在動機），而最終的獎賞又在遙遠的未來（減弱了外在動機）。如果你想要保持充沛的幹勁，就需要找根紅蘿蔔，當你遇到障礙時，就把紅蘿蔔掛在眼前當作誘因。

電玩遊戲通常充滿獎賞。當你通過一個關卡時，螢幕畫面會出現拉炮灑花，你會獲得更好的裝備、額外的生命或解鎖下一關。但在現實生活中，這種經常提供獎勵的情況可能比較複雜。例如，職場上，有些員工是按佣金計酬，指的是他們每完成一筆交易就能額外獲得報酬。這是提高銷售的有效方式，但代價是可能會犧牲品質。為了讓員工真正願意做好工作，而不是像青少年那樣為了每星期的零用錢敷衍了事，需要內在動機。實現目標最好透過明確的里程碑、回饋和真正有意義的任務。

在你達到一個里程碑時，犒賞一下自己。如果你鼓起勇氣撥打了一通困難的電話，並成功辦到，那就到當地咖啡店裡點杯特級咖啡來獎勵自己。如果你完成了一件大案子，對自己好一點，賴床一下或投資購買一些優質的設備。選擇適合你且符合自身財力的方式，並確定在不同類型的獎賞之間進行切換，這樣才能讓自己感覺特別，而不是例行公事。

不要跳過這個步驟。我的許多個案都會避免慶祝——同樣是因為他們對於自己何時「值得」感到自豪，設立很高的標準。想想看，如果你有一個這樣的老闆，鞭策你完成任務，然後在最後一刻取消了允諾的獎金。難怪你會失去動機！我們需要休息室裡的比斯吉、下班後的小酌和一束束鮮花，來維持那份熱情。

另一個訣竅是讓活動本身更有意義。用心理學術語來說，這叫做**誘惑捆綁**（**temptation bundling**），就是把工作與樂趣結合起來，以增加內在動機。誘惑捆綁的一個例子是和朋友一起學習，因為雖然書籍本身不吸引人，但喝咖啡休息時的閒聊卻很有趣。美國有一項研究，成功使參與者到健身房的次數增加了百分之五十。訣竅是什麼？他們每人拿到一台只能在健身房使用的MP3播放器，裡面播放《飢餓遊戲》的有聲書。

怎樣才能讓你的活動更有吸引力呢？在辦公室買一台咖啡機，在打掃房子時聽你喜歡的播客節目，或者請朋友幫忙並以做晚餐作為回報？發揮創意吧。

讓正確的事情變得容易

動機不足的挑戰之一就是注意力變得很容易分散。當繳稅截止日期逼近時，突然覺得清潔窗戶似乎是絕對必要的事。每天在新聞網站、手機遊戲和社群媒體上浪費了無數的辦公時間。如果你被困在情緒陷阱中，可能會責怪自己。你認為自己懶惰、缺乏紀律，需要培養更好的意志力來抵抗誘惑。

但另一方面，在電玩遊戲中卻很少有分心的問題。你玩瑪利歐兄弟不會因YouTube影片而分心，國際足球總會的足球選手追求世界盃不會因為婚外情而分散注意力。為什麼呢？

因為他們分心不了！與現實世界不同，電玩遊戲很容易讓人遵循既定路徑前進——領先，與重要角色交談，收集積分。與此同時，倒退走或迷路這種自我毀滅的行為往往很難，有時甚至不可能。

與其試著調整自己，不如去調整你的環境。讓正確的事情變得容易。

如何為你想做的事情降低門檻，以下是一些例子：

- 買些時尚舒適的運動服，放在容易取得的地方。
- 整理你的桌面（無論是實體桌面還是電腦桌面），除了你現在需要的東西之外，沒有其他雜物。
- 在廚櫃裡放些健康又好吃的零食。
- 選擇離家最近的健身房。

- 投資優質的設備（但不要讓自己破產，先從最便宜的型號開始，然後再升級。這是對達成短期目標的完美獎賞！）。
- 報名參加一個課程。
- 明確告知家人你不方便被打擾的時間。

如何為你不想做的事情提高門檻，以下是一些例子：

- 將手機設為靜音，並放在無法隨手可及的地方。設定一個時間，到了才能再次查看手機。
- 選擇靠近走廊的桌子，這樣每個經過的人都可以看到你是不是無所事事在瀏覽網頁。
- 去圖書館或其他沒有太多干擾的地方學習。
- 為自己達成目標下賭注。

- 在你的銀行卡設置網路購物限制。
- 刪除分散注意力的應用程序，換成更好的替代方案。

我有一位朋友，他每次考試期間都會回到父母家幾個星期，來完成他的學業。即使他已經二十幾歲了，他發現在父親的監督下學習效果更好。這是非傳統的做法——但如果有效，那就值得一試。

開始吧

希望你現在應該感覺更有動機了，因為你有了明確的長期目標、一些短期目標、幾個值得期待的獎賞，還有一個抵抗分心的計畫。或許還沒有。如果沒有，無論如何都要踏出第一步，不管感覺怎樣，都要堅持你的計畫。

即使你覺得自己還沒準備好，也要拿畫筆輕輕觸碰畫布。即使畫得不完美，也要堅持下去。去健身房、清理車庫或寫篇文章也是如此。這可能感覺不太有趣。甚至可能一開始做得並不好。但沒關係。無論如何，都要繼續前進。

和往常一樣，你在對抗情緒陷阱時會被各種負面想法轟炸。*這樣行不通，我做不到，我做得很糟糕。*不要理會。你不必與這些想法爭辯，也不必試圖將把這些念頭轉化為積極的東西。只要意識到有這些念頭，不必被愚弄而信以為真。將注意力轉回你正在做的事情，並繼續前進。

也許你可以從事與這些想法相反的事情，以此擊潰負面想法。如果你的念頭要你躲在角落，因為你的身材不好，不適合出現在健身房裡，那麼你就站到健身房的正中間進行伸展運動。如果你的想法認為，只有一種方法可以寫出好故事，那就故意打破所有寫作規則。讓你的想法知道誰才是老大。它們善於表達自己的意見，但你才是那個發號施令的人。

首次嘗試可能會很困難。第二次也是。但當你開始有所進步時，不同的念頭和感受可能會冒出來。也許你會因為實際跨出第一步而越來越自豪。也許你會重新發現做你曾經熱愛的事情的樂趣。一旦你克服了最大的障礙——自我懷疑和害怕失敗——你就會找到勇氣去嘗試，這時真正的靈感就會來到。

這就是如何培養動機的方式。

扔掉第一幅畫，它可能顯得呆板和乏味。或者，把它裱框起來，放在你家中最引以為傲的位置。我們都需要提醒自己，無論起初結果是好是壞，動力是來自於開始行動的人。

調整你的策略

當然，這一切聽起來都很棒。但是，如果你試過所有的訣竅，還是無法開始工作，怎麼辦呢？

大多數的人生規畫並不像好萊塢的故事情節那樣，嘗試、成功，然後從此過著幸福快樂的生活。對於大多數人來說，動機隨著生活的起伏而來來去去。你可能把整個房子打掃得乾乾淨淨，卻又讓它再次亂成一團。你養成了一個運動習慣，然後又讓習慣慢慢消失。

不要失去信心。重點不是永遠不要跌倒，而是從錯誤中吸取教訓，重新站起來，比以前更有智慧。

在擬定你的計畫時，要安排評估和修改策略的時間點。剛開始，可能需要經常追蹤，最好每周一次，這樣你可以及早發現是不是開始偏離正軌。一旦確定了有效的方法，你可以延長評估的間隔時間。

回顧本章內容，一步步進行評估。

你的目標到底是什麼？這是真正對你重要的事情嗎？幾年來，我一直有個夢想，那就是能夠背譜彈奏《鋼琴師和她的情人》（The Piano）的電影主題曲。上了兩年的鋼琴課後，我還是只能彈奏「獻給愛麗絲」，我意識到是時候放棄了。那根本不值得。

也許替庭院傢俱上油並不是絕對必要的事。從你的待辦清單中刪除一些事項，而不是永遠拖著不做。你討厭修剪草皮嗎？試著把它分配給其他人，或者讓你的草坪變成一片草地。

另一方面，你可能會得出這確實是重要目標的結論。那麼你可以開始考慮你的行動計畫。

- 你有擬訂短期目標明確的計畫嗎？
- 有人提供你回饋和支持嗎？
- 你期待獲得吸引人的獎賞嗎？
- 你試過所有可能使工作本身變得更有趣的方法了嗎？
- 你能想出更多調整門檻的方法嗎？低門檻對應所期望的行為，高門檻對應所不期望的行為。

如果你到了這一步，但仍然沒有起色，那麼你有兩個選擇：放棄或尋求幫助。畢竟，這就是我們生活在社會中的原因——互相幫助，完成我們無法單獨實現的重要事情。拿起電話，打給你的老闆、醫師或慈善機構求助專線。我們等待你的來電。

如何幫助朋友

眼見自己關心的人努力改變，自己卻只能站在一旁，這種感覺可能會讓你感到挫折。他們可能在學業上落後，或者在實現夢想的路上遇到挑戰，或者他們的生活方式可能遲早導致嚴重的健康問題。你試圖鼓勵、責備和激勵他們，卻似乎都沒有用。

首先，你必須接受一個殘酷的事實：你無法改變別人。他們必須自己改變。你可以提供幫助，但接受幫助是他們自己的事。話雖如此，還是有幾種方法可以幫助那些困在缺乏動機的情緒陷阱中的親人。首先，專注於加速而不是煞車。改變往往意味著機遇和挑戰。對於缺乏動力的人來說，很容易把注意力放在挑戰上。他們老是在想一切有多難，以及一切可能出錯的事情。這就好比是一輛踩著煞車的車子；油門踩到底也不會有足夠的動力來推動。

一個常見的錯誤就是將所有的精力都花在拆除煞車上面。你爭吵、抱怨並嘗試解決問題。這個人反而進入防禦狀態，甚至更緊踩煞車。

通常另一種效果更好的方法是，把重點擺在加速器上面。**激勵式對話（motivational interviewing）**技巧透過引出討論改變的對話來進行——誘導他們表達實現目標的想法。他們為什麼想要這個改變、如何發揮作用，以及他們達成目標後打算做些什麼。忘記煞車吧！一旦加速器夠強大，他們往往會自己鬆開煞車。傾聽、提問並鼓勵他們談論改變。

「你最初是因為什麼啟發而想做這件事的？」

「太棒了！你打算什麼時候做呢？」

「我們該怎麼慶祝呢？」

幸運的話，希望這種新的對話焦點能激發他們的動力。鼓勵他們抓住機會，立即開始行動！你們可以一起下載約會交友軟體、報名參加課程、開始填寫申請表……。我最喜歡認知行為治療的部分，就是我離開房間五分鐘，然後回來發現一位興奮的個案，他終於打了那通困難的電話。

要讓火花燃燒成持久的火焰，這個活動必須有獎賞——無論是活動本身（內在動機）還是活動帶來的積極結果（外在動機）。如果你和他們一起完成這項任務會更有趣嗎？也許你們可以一起學習或接受運動挑戰。你能為他們終於達成目標時計畫一個非常誘人的獎賞嗎？例如，在他們拿到駕照時來一趟公路之旅，或者在他們新裝潢的廚房裡享用一頓特別的晚餐。

鼓勵並慶祝所有的進步。意想不到的獎賞通常是最有趣的——當你付出了額外的努力時，老闆送你一束花，或者朋友發來一則簡訊說他為你感到驕傲。

你還可以檢查他們所處環境的門檻。特別是，如果你是經理、老師、教練、父母或以其他方式參與激勵他人動機的人。人往往會選擇阻力最小的路徑。如果電視機放在客廳最顯眼的地方，孩子們就很難不待在電視機前面。如果繼續使用舊程序更容易、更快，員工也不會遵循新的流程。請記住：對於期望行為的門檻應該降低，而對於不期望行為的門檻應該提高。

有時候，無論你怎麼勸誘和催促，事情都不會改變。如果你的朋友正在面對像是酗酒、長期憂鬱、藥物濫用或賭博成癮等精神狀況，通常需要專業的照顧來處理這些

和往常一樣，你在對抗情緒陷阱時會被各種負面想法轟炸。這樣行不通，我做不到，我做得很糟糕。**不要理會。你不必與這些想法爭辯，也不必試圖將把這些念頭轉化為積極的東西。只要意識到有這些念頭，不必被愚弄而信以為真。**

問題。如果他們拒絕接受治療，你能做的也不多（除非是危及生命的情況，在這種情況下，即使他們不同意也可以接受治療）。

告訴他們，如果他們改變主意，你會很樂意協助，但接著，你要做的是保護自己的健康，即使這可能意指切斷聯繫。我再說一遍：你可以提供幫助，但要不要接受幫助是對方的選擇。

第四章

減少焦慮

情緒陷阱：逃避問題
行為原則：尋找方法

很難說是我還是我的個案比較害怕。那時是我攻讀心理學學位的春季學期，斯德哥爾摩大學心理治療中心外的小山坡上，番紅花正在綻放。經過四年的準備，包括閱讀厚重的教科書、角色扮演和理論案例，我現在要面對我的第一個真正的個案。

他也不太有自信。在幾次初步的會議中，我們談到了他的生活總體情況，以及他的問題是怎麼開始和發生的，現在他正面臨最可怕的夢魘。他距離塑膠盆只有一公尺遠，裡面有隻長一公分的蜘蛛。

對於沒有蜘蛛恐懼症（arachnophobia）的人來說，很難想像這些八隻腳的爬蟲生物可能會帶來多少問題。它引起的情緒反應可能不光是在家中發現這樣的生物時會發出恐慌的尖叫聲，並乞求一旁冷笑的家人快把怪物趕走，甚至進入一個房間時，可能表現出高度警覺狀態，快速掃視房內四周和角落。蜘蛛恐懼症可能會讓人感到羞恥，因為在理智層面知道這種窒息般的恐懼實際上是不合理的。這種恐懼症可能使人避開上閣樓、不在草地上野餐，或者少拜訪那位你知道他家浴室裡有蜘蛛網的親戚。

令人驚訝的是，這種可能已經牢牢控制一個人的生活長達幾十年之久的恐懼，百分之八十的案例都可以透過暴露療法（Exposure therapy）的單次療程來治療。這是指在控制條件下，並有經驗豐富的治療師陪同，你將面對你最大的恐懼，最終學會在靠近蜘蛛的地方放鬆。

前提是，治療師知道自己在做什麼。反之，如果治療師搞錯了，恐懼症可能會惡化，使個案比以往更加懼怕。

我吞了吞口水，強迫自己微笑，希望這樣能給人安慰。是時候開始工作了。

關於恐懼

恐懼和焦慮常常得到不好的評價。也許是因為我們通常只在談論它們所引起的問題時才會提到它們。但事實上，就所有人類的感受而言，恐懼可能是我們物種存活的主要原因。

恐懼是身體的警報系統。當我們感知到威脅時，它就會被觸發。無論是面對劍齒虎還是帶有敵意的人，身體反應都是本能的，並且極為迅速。我們的脈搏加快，呼吸變得急促，開始出汗。外面世界彷彿消失了，所有注意力都集中在威脅上。第一要務是透過戰鬥、逃跑或僵住（即裝死）來避開危險。

這種反應極其有幫助。它是人類歷史上保護我們免受野生動物和惡意鄰居傷害的原因，現在，它讓我們能夠本能地躲開在行人穿越道上超速行駛的車輛，或毫不猶豫地將貴重物品交給劫匪。

人傾向於關注負面消息而非正面消息。

就像火災警報器，多響幾次總比沒響好，你內在警報器在許多情況下會響起，但這些情況結果都證明是無害的，因為安全總比遺憾好。恐懼和焦慮之間有個區別，**恐懼**是身體和大腦對實際危險的反應，而**焦慮**則是相同的反應，但危險只是想像出來的（或至少被嚴重誇大了）。恐懼和焦慮感覺一樣，但應該以完全不同的方式處理。我們稍後會回到這個話題。

觸發恐懼警報的確切原因，因人而異。有些觸發因素似乎已經固定編碼在人類的基因中，因為它們在我們的演化過程中一直對我們這個物種構成威脅。蛇、蜘蛛、高處和社交排斥，都是大多數人都感到不舒服的事物。

這些是最常見的恐懼，可能發展成恐懼症——即非常強烈且過度的恐懼，以至於影響到日常生活。當然，在現代社會中，相比起這些原始的危險，更多人是被車禍、吸菸和久坐不動的生活方式奪去性命。沒有人驚慌呼喊並要求老板搬走不符人體工學的辦公座椅，儘管也許他們應該這麼做。

其他的觸發因素對個人來說更加獨特。它們來自於個人的負面經驗，這些經驗教導我們學會警惕，以免再次經歷相同的創傷。目睹過銀行搶劫的人可能每次走進銀行都會嚇出一身汗。任何一個經歷過心碎的人，都會發現自己很難再次敞開心扉。

即使我們安然躺在床上，一想到未來的威脅，內在警報系統也可能因而響起。一想到恐怖襲擊（或只是在婚禮上發表演講）都可能引起和真正面對危險時相同的痲痺感。就像一首讓你想起前任的歌曲，可能會喚起同樣的舊情感。

這種警報系統的敏感度因人而異。我們天生就存在一些差異。據傳聞，歐巴馬（**Barack**

Obama）面對宣戰時，沒有露出任何畏懼的表情。相反地，如果你是神經質的人，警報器可能幾乎一直響個不停。電子郵件裡的一個錯字就可能讓你徹夜難眠，擔心被開除。

如果你的警報器反應如此敏感，你可能需要藥物來協助抑制。另外，你也可以練習放鬆技巧，這樣就不必讓身體一直處於緊張狀態。

情緒陷阱

我不知道是什麼會觸發你的內在警報系統。也許是針頭，也許是在人群面前講話，或是使用公共廁所。但當警報響起時，無論你面對的是咆哮的獅子還是無害的居家蜘蛛，感覺都是一樣的。

恐懼如毒液般在你的血管中流竄。掌心冒汗，肌肉繃緊。你口乾舌燥，視野變得狹窄，耳中聽到脈搏的跳動聲。你的思緒會透過威脅過濾器來感知一切，變得難以客觀評估情況。她剛才是不是在瞪我？為什麼我的伴侶要花這麼多時間和那個人聊天？你會找尋警告信號，任何事情可能出錯的蛛絲馬跡。你會聯想到最糟糕的情況。要是蜘蛛跳到我臉上，害我心臟病發作死掉怎麼辦？如果我突然感覺不舒服，來不及去廁所就吐了呢？

之後，你會對發生過的事情進行分析，再小的細節都不放過，以評估其造成的任何損害。你已經開始擔心未來再次發生同樣的事情。

為了確保你的生存，行為上的衝動會被觸發。你的動作變得精確而警惕。你可能會有強烈的逃跑本能，直接跑走，頭也不回。你會反覆檢查，確保一切都在掌握之中，並詢問其他人確認一切正常。

這樣強烈的反應會校準未來的警報系統。不愉快的經歷會比中性的經歷更容易被編碼進記憶中，這樣一來，你下次遇到類似情況或想起這件麻煩事時，警報就會再次響起。

如果你患的是焦慮，而非恐懼，那麼這真的會造成問題。當你面對持有武器的敵人時，心跳加速和冒汗可能是有助益的，但如果你是穿著淺藍色襯衫坐在餐廳裡進行第一次約會，那就不太適合了。如果讓你感到恐慌不安的是告白或信用卡帳單，想要逃跑和躲藏的衝動可能會讓你非常尷尬。

我們都有自己的不理性恐懼和觸發點。就我個人而言，我非常害怕恐怖電影、抹布以及在小團體中自我介紹。大多數情況下，這些恐懼並不重要，因為它們不是生活的重要部分。就像心理師常說的那樣：只有當某件事真的造成困擾時才是問題。但是，當焦慮和緊張開始阻止你做自己想做的事情時，就是時候採取行動了。

如果你受過傷，你可能會逃避約會。如果你討厭醫院的氣味，你可能會找藉口避免去看醫生。也許你渴望著事業更上一層樓，卻因為擔心自己的表現，和對工作面試的緊張所拖累。你自己的身體和情緒可能成為你最大的敵人。你感覺自己受阻被困。

一旦你開始回避困難的處境，焦慮就像其他情緒陷阱一樣，會陷入消極的惡性循環。觸發警報的情況越來越多，直到你幾乎持續處於高度警戒的狀態。我在一家治療嚴重焦慮症的專科診所工作時，許多個案甚至很難離開家門，因為害怕恐慌發作。

其實不必做到這樣。有一些方法可以重新調整警報系統。你可以跳出舒適區，盡情享受生活。

行為原則

有很多祖傳療法聲稱可以幫助陷入焦慮情緒陷阱的人。有些從感受出發。你試圖堅強起來，振作精神，讓自己平靜下來。但這通常和忽視響個不停的火災警報一樣，沒有效果。

有些則試圖解決心理學三角的思想一角。你與自己的焦慮想法爭辯，提醒自己風險很小。不幸的是，你的威脅過濾器通常很擅長找到反對的論點。情緒勝過了邏輯。

然後是第三個角。透過行為原則的幫助，焦慮、擔憂和緊張也可以得到控制管理。

事實上，行為原則的應用已經徹底改變了我的生活。它讓我這個內心其實相當害羞的人，能夠在國際會議上演講，並進行現場電視訪談。我甚至找到了勇氣告訴服務生，餐廳弄錯了我的訂單。

火災警報可以重新校準，讓它在無害的情況下停止發出警報（或至少降低音量）。

該怎麼做

搞定煩人的警報

如果廚房裡有個過於敏感的煙霧警報器，每次開火燒菜都會警鈴大作，該怎麼辦呢？你八成不會嘆口氣、聳聳肩，然後就停止使用烤箱。你會做的第一件事就是調整警報器的設置。同樣地，你也不必因焦慮而無法做你想做的事情。

是什麼事情讓你緊張？看牙醫、被人看到穿泳衣、怕小丑？

你在焦慮情況下應用行為原則時，就會重新校準。儘管覺得緊張，但你採取與自己的衝動背道而馳的行為。你不再避開、退縮或逃跑，而是朝著問題走去，堅持下去，昂首闊步。你忽略內心的聲音說你的身材不適合穿泳衣。你可以承認它們，但你不必聽從它們。你不會像平常那樣躲在灌木叢中，而是把浴巾鋪在沙灘中央。當焦慮告訴你要壓低視線時，你反而該抬起頭來，站得筆挺，試著與周圍的人眼神交會（信不信由你，大多數人其實都不會注意到你）。

警報器還是會持續響個不停。噢，孩子，你第一次這樣做時，警報器本來就會尖叫得厲害。隨它去吧。焦慮的反應對身體來說是一項艱難的工作，身體不喜歡無謂地浪費精力。所以當情況到最後證明並沒有那麼危險時，心跳自然會慢慢平靜下來。通常需要幾分鐘到半個小時的時間。

在這之後，你會有一種全新的經歷。原來情況並不危險。即使事情沒有完全按照計劃進行——也許一群青少年坐在附近，不知道為什麼在傻笑——現實很少像你事前幻想的恐怖場景那樣慘烈。你的想法經過威脅過濾器後，灌木叢中細小的沙沙聲都可

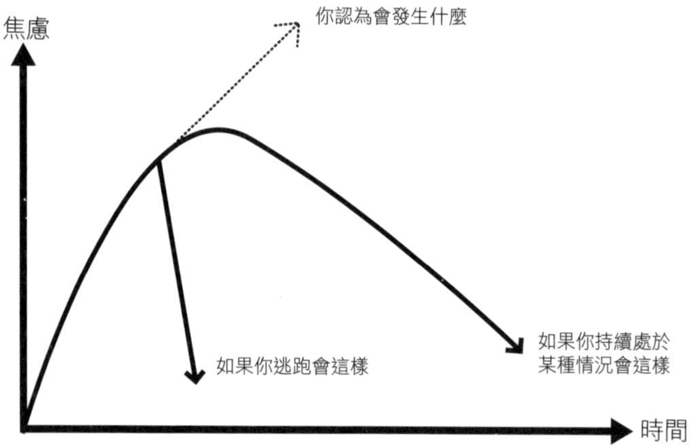

如果持續處於某種情況中，焦慮會減輕

以被解讀成瘋狂的斧頭殺手。多虧了這次的成功，下次你再遇到類似的情況，警報系統就不會響得那麼大聲。如果你重複同樣的事情幾遍，最後警報器就會完全停止鳴叫。

這種技術被稱為**暴露療法**（exposure therapy），意思是故意讓自己暴露於引起焦慮的情境，並以可控制的方式進行。你要與叫你逃跑的本能相對抗，選擇留在這種情境中，直到焦慮緩解或事件結束。為了使這種療法奏效，情境不能太過極端——如果在焦慮最嚴重的時候中斷暴露療法，下次警報器會響得更大聲。

暴露療法可以奇蹟般地發揮作用。

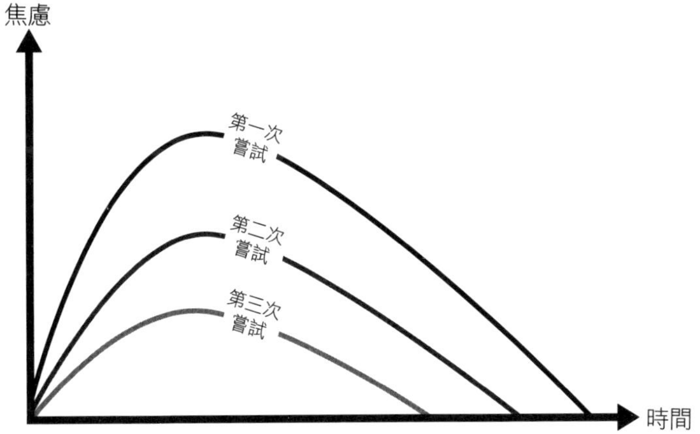

如果重複做同樣的事情多次，焦慮程度會持續降低

當我破解了這個密碼後，我感覺自己堅不可摧。我一直是那個坐在書架旁，在家庭聚會上靜靜閱讀的人。突然間，一個充滿新可能性的世界展現在我眼前。原來一切都只是行為！我開始忽略心跳加速和臉頰偶爾泛起的紅暈。當我走過去向某位我欽佩的人介紹自己時，我不再理會腦海中那些描繪災難情形的消極想法。如果我只是以自己想要的方式表現夠多次，情況就不再可怕了。於是我就這麼做了。

如果沒有焦慮和緊張的束縛，你想做什麼呢？勇敢拒絕、學跳騷莎舞、坦率表達自己的感受？第一次做一些真的讓人緊張的事情，比如談論自己的情感，你可能冷汗直流，想要逃跑。但你嘗試過越多次，感覺就會越自然。直到有一天，你會想不明白，為什麼以前覺得這件事很困難。

所以，在那些讓你感到危險的情況下，我鼓勵你採取與本能完全相反的行動。當然，這條建議也可能出錯。請記住，運用行為原則來管理焦慮時，務必記得「停下來」原則。

首先，確定你有實踐自我憐憫。否則你可能會對自己說：**別傻了。不要那麼沒用，就這樣去做吧**。請記住，你的反應是演化形成的一套警報系統，源自於你的遺傳基因和人生中各種糟糕的經歷。這些都是需要對抗的強大本能。努力善待自己，就像大人對待孩子一樣，牽著他們的手，告訴他們衣櫃裡沒有怪物。無論如何盡力而為，感到害怕是正常的。

其次，你需要思考。第一步，你真的想要這樣做嗎？為了抗拒焦慮而勉強去做某件事，是沒有意義的。不打電話，不在游泳池跳水板上跳水，你也可以過著幸福快樂的生活。除非有值得努力的事物，有你想要或必須做的，那麼去嘗試才可能感到解脫，否則只是自我折磨。

最重要的是：情況真的危險嗎？心理師之間流傳著這樣一則恐怖故事，一位個案為了克服對車流的恐懼，半夜躺在鄉間小路上，隔週還得意洋洋地向他的治療師講述這件事。

行為原則只應用於基本上無害的情況，而且其中的恐懼是虛構或誇大的。邀請某人出去被拒絕可能讓人感覺像世界末日，但其實你會活下來看到新的一天。害怕死於飛機失事也是同樣的道理，因為現實上這種風險微乎其微。然而，如果有陌生人打電話來，索取你的銀行資料，以支付一筆出乎意料的豐厚遺產，那麼你就有理由保持警惕。

如何分辨合理的恐懼和過度的焦慮呢？你可以從你認識的人開始，找一位看起來穩重、勇敢而不魯莽、不常惹麻煩的人作為範例。那個人在這種情況下會怎麼做？就照著他們的做法去嘗試吧。

我個人判斷是緊張還是其他原因的訣竅是，想像一個紅色按鈕。如果我按下這個按鈕，就可以神奇地完成這件令人不愉快的任務（比如撥打電話或發表演講），我會按嗎？如果答案是肯定的，那我就會去做。沒錯，我可能會感到不舒服，但我不會因此放棄做我想做的事情。

你所想像得到最可怕的事情

事情要從我十一歲那年說起。當時我剛看完一部美國電視劇，劇中一名十幾歲的男孩砍掉他母親的手。我躺在床上好幾個小時無法入眠，渾身發抖。怎麼可能有人會對自己的母親做出那樣的事情？

如果是我砍掉我媽媽的手怎麼辦？

一旦這個畫面印在我的腦海裡，就揮之不去。要是我真的傷害了我媽媽呢？要是我殺害了全家人呢？

這是一個可怕的念頭，但我卻無法擺脫它。我曾經在報紙上讀到過這樣的事件，有人突然失去理智，冷血地殺害了整個家庭。如果這種事發生在我身上怎麼辦？

我嚇壞了。隨著日子一天天過去，恐懼開始蔓延。

我害怕刀子——如果我刺傷了別人怎麼辦？害怕車流——如果我把路人推到車前怎麼辦？無論我到哪裡，這些念頭一直縈繞在心，而且越是想要趕走，這些念頭就變得更強烈。

當然，不能讓任何人知道。否則我可能會被終身監禁。因此，我竭盡所能避免獨自一人面對我的思緒。我開始不斷地看書，吃飯時看，上學路上看，看個不停，看到晚上再也睜不開眼睛為止。

「真可愛，」周圍的大人們說。「她變成了書蟲。」

夜晚是最難熬的時候。其他人都在睡覺，沒有什麼可以阻止我。我躺在床上，眼睛緊閉。我向自己發誓，如果我有傷害別人的衝動，我會從窗戶跳出去。我們住在八樓——那已經很高了。

我也開始害怕窗戶了。

當時我並不知道自己患上強迫症。強迫症是一種疾病，讓人被無法擺脫的不愉快想法所困擾。這些想法可能是關於意外傷害，就像我曾經有過那樣，可能是你覺得自己很骯髒或受到感染，或者你必須以某種方式擺放物品。為了減輕焦慮，患者可能會陷入強迫性行為，一遍又一遍地重複同樣的行為。例如，反覆檢查爐具是否關了，或者過度洗手以擺脫想像中的細菌。

每個人有時都會有侵入性想法（Intrusive Thoughts）。你可能在過橋時，突然有股衝動想把手機摔下去，或者感覺有必要拉個門把幾下，以確定門真的上鎖了。這很正常，不必擔心。問題是當你感到害怕時。這時你的警報系統可能開始注意到那個特定的念頭。你的大腦認為這一定是危險的，是需要留意的事情。諷刺的是，你試圖用意志力排除的念頭反而會更容易回來，因為你不斷地監控著它們。

在平靜了幾年後，我十五歲那年，我的強迫性念頭又一次來勢洶洶。我決定冒著坐牢的風險，把這件事告訴了媽媽。兩個月後，我坐在心理師對面的扶手椅上。經過三個月的認知行為療法後，對我來說這不再是問題。

這一點也不輕鬆。我必須自己面對害怕的事物，這樣才會發現可怕的事情實際上永遠不會發生。我不想按照自己的想法行事，那反而是我最可怕的夢魘。讓所有可怕的心理影像肆虐馳騁並不是一個愉快的經驗，但它起了作用。每星期三次，我不得不站在陽台上等待跳下去，直到我意識到自己永遠不會這樣做。

這些念頭有時還是會突然冒出來，特別是在我壓力很大的時候，但它們再也嚇不到我了。

現在我是一位心理師，牽著人們的手，帶領他們走出困境。

提高標準

當你開始面對恐懼時，最好不要設定太高的標準，尤其是在一開始。不要從你最大的恐懼開始。並不是說這樣做一定會有害，但風險在於，這可能會讓你覺得不舒服到中途放棄，進一步加強你的內在警報系統，而不是削弱它。

焦慮本身並不危險，然而，焦慮可能會讓人非常不愉快。你的耳朵聽到血液脈動的聲音，心跳加速。當你非常緊張不安時，就無法入睡，因為你的身體表現得好像你在躲避一隻兇猛的熊。你可能感覺自己快要昏倒、窒息或心臟病發作。多達三分之一的人有過恐慌症發作的經歷，當這些生理症狀引起的恐懼升級為恐慌時，就會出現突如其來的焦慮。

血液從你的手和腳抽走，積聚在你的大肌肉群裡。你可能感覺自己快要昏倒，但事實上，你離昏倒還很遠——昏倒通常是低血壓引起的，而在恐慌發作期間，你的血壓會比平時高。換氣過度會讓你感覺好像喘不過氣，即使你實際上吸入的氧氣比平時多。許多人會出現胸痛，這可能被誤認為心臟病發作的前兆。那是因為你換氣過度時，胸部肌肉正在努力運作，與你放鬆狀態下進行的腹式深呼吸不同。

所有這些症狀都是自然且無害的，但光是要告訴自己這沒什麼，笑一下，倒杯茶，都需要很大的自制力。你可以透過嘗試放鬆和緩慢呼吸來抵消這些生理反應，但說起來容易做起來難。所以最好不要把標準訂得太高。在認知行為治療中，我們通常用一到十來評估練習的強度，十代表對你壓力最大的情況，並且傾向於從五或六的強度開始。一旦你開始練習並看見成效，再來增加強度會比較容易。

可以的話，重複相同的練習幾次。這樣重新校準你的警報系統會更快。例如，約會教練通常從大規模訓練階段開始，其中學員必須到酒吧向十個人介紹自己，無論對方是否對他們感興趣。這使他們更容易主動出擊並接受拒絕，而不會像世界末日一樣引起警報反應。定期重複練習也很好，這樣警報系統就不會恢復到以前的設置。

有些焦慮可能很難消除，因為它們很少發生。對於那些害怕針頭的人來說，每隔幾年打一次疫苗還不足以克服恐懼。為什麼不陪你經常捐血的朋友一起去呢？欣賞一下耳邊脈搏跳動的旋律，很快這將成為過去的事情。

血液與性慾

有幾個領域需要謹慎運用行為原則。

血液恐懼症就是一個例子。在正常情況下，你焦慮時血壓會上升，但有血液恐懼症的話，血壓會急劇下降。這被認為是一種演化手段，以防止失血過多。要讓自己能夠接觸血液又不昏厥，首先需要訓練提高血壓的技巧。

性慾是另一個例子。沒有什麼比緊張更扼殺你的性慾了，這是因為性興奮是交感神經和副交感神經系統協力合作的結果。如果交感神經系統過度運轉，比方説因為你緊張或焦慮，它可能會壓倒副交感神經的功能。你越是感到壓力，性慾就越是遠離你。

在這裡，解決方法是不要勉強，暫停並專注於當下。與其升溫性事，不如看看自己能不能放鬆，做一些你喜歡的事情，直到你感覺到準備好為止。

有時性慾就是不願出現。這時候停下來做其他事情是很重要的。做一碗爆米花，看一下電視，或者把注意力集中在伴侶身上。強迫自己只會導致警報再次響起。

反其道而行

當我們感到緊張時，常常會想出各種招數讓自己冷靜下來。這些被稱為**安全行為**（safety behaviours），因為這些都是我們覺得自己處於不穩定狀態時，為了讓自己感覺安心而做的事情。大家在這方面都很有創意。從避免眼神交流，像抱著安心毯一樣沉迷於手機，到喝威士忌來鎮定神經，任何事情都有可能。

很難清楚說明什麼是安全行為，因為因人而異。對某些人來說，安全行為可能是保持沉默，但對其他人來說，安全行為可能是用閒聊填滿每一個沉默。所有安全行為都有一個共同點，它們都是情緒陷阱。雖然這些行為當下是為了安撫你的情緒，但長期來看卻產生了相反的效果。

以嫉妒為例。嫉妒源自於害怕失去對你意義重大的人。這些悲傷的情景既痛苦又難以控制，因為我們永遠無法完全了解另一個人對我們的感覺，或未來會發生什麼事。為了平息這些恐懼，你可能會採取各種安全行為，以暫時獲得控制感。你探問對方對你和你們之間關係的感覺。你打聽他們去了哪裡，見了誰，並偷偷檢查社群媒體，以確保地表上沒有任何威脅出現。總之，你服從於內在警報系統。你向自己發出信號，表示這是一個需要嚴肅對待的威脅，並且你的思想在威脅過濾器的作用下，社群媒體上的每個讚都可能證明你的擔憂是合理的。這樣做的結果是，你可能暫時平靜一點，但下一次警報器會更響亮。

重新校準過度活躍的警報系統，只有一種方法。讓警報器繼續響，響到它自己放棄並安靜下來。所以，在過度嫉妒的情況下，就是選擇投降，說：「今晚玩得開心」，然後讓自己忙於其他事情，遠離你的手機和誘惑的社群媒體動態。

你可以把焦慮想像成一隻怪獸，待在你腦袋裡試圖控制你的生活。每次你採取安全行為，就是在餵養這隻怪獸，讓牠變得越來越大、越來越強。不餵牠吃東西會在當下造成巨大的痛苦——怪獸會因為飢餓而咆哮怒吼。但只有讓怪獸挨餓，牠才會縮小，最終完全消失。

安全行為是暴露療法失敗的最常見原因。你參加一次又一次的派對，可是每次都感覺不自在。但仔細一看，你可能會發現，你和別人交際時從未真正做自己——你避免眼神交流，在腦海中反覆排練每句話才敢開口，只說出你認為別人想聽的話。或者更糟糕的是：你坐在角落裡滑手機。你不參與談話過程，只考慮自己的樣子、聲音以及在別人眼中的印象。

行為原則就是要表現得彷彿你已經感到安全。只有這樣，你才能意識到你如此害怕的可怕後果，其實從來沒有發生過。不要再縮小腹、避免眼神交流、三番兩次確認自己言行是否恰當。你可以做到的！

與擔憂和焦慮相關的典型情緒陷阱

領域	恐懼	典型的安全行為	行為原則
社交場合	害怕自己尷尬	提前計畫要說的話，撰寫劇本 避免眼神交流 過度禮貌	保持眼神交流 隨興發言 輕鬆的身體語言
健康狀況	害怕生重病	上網搜尋疾病和症狀 檢查症狀 過度求醫	忽略輕微的症狀 向專業醫師諮詢並聽取他們的建議——適度即可！
嫉妒	害怕被人拋棄	盤問你的伴侶 密切關注他們的社群媒體 把時間優先留給伴侶而不是其他事情	鼓勵伴侶獨自外出 讓自己忙於自己的興趣愛好
表現焦慮和完美主義	害怕出錯和失敗	反覆檢查事情 過度準備 在某項任務上花費太多時間	事情做好就放手不管 故意犯一些小錯 為任務設定時限
外貌	害怕被拒絕	在鏡子前檢查自己 穿著打扮會掩飾自己的「缺陷」 不規律的飲食習慣	穿你真正喜歡的衣服 出門不化妝／不用髮飾 在固定時間用餐

意外和災難	害怕自己或所愛之人遭遇可怕的事情	反覆檢查爐具是否關閉、門窗是否上鎖 詢問別人某物是否安全 打電話／傳訊息只為了確認一切是否安好	只檢查一次爐具／門窗 聽從自己的判斷 固定時間聯繫
動物（蜘蛛、蛇、大黃蜂、狗、貓……）	害怕遭受攻擊	找理由離開現場 請求他人驅趕生物	模仿周圍人的行為 撫摸寵物 閱讀／加入動物愛好者論壇

實驗開始！

我們對自己和周圍的環境都有很多假設。

如果我踩到人行道上的裂縫，就會發生可怕的事情。

我只有在喝醉時才能調情。

如果我不帶禮物，他們就不會再邀請我過來。

你有一些假設是正確的，但有些則完全錯了。壞消息是，你可能抱持許多完全錯誤的假設，讓這些假設限制你的日常生活，妨礙你真正想做的事情。

你是否抱持著一些你懷疑可能不正確的假設？測試看看就知道！

在認知行為療法中，透過故意採取新的方式行事來測試你的假設是否正確，然後觀察會發生什麼事，這就是所謂的**行為實驗**（**behavioural experiment**）。就像科學家一樣，你事先提出一個假設（如果我在藥房購買保險套，收銀員會笑我），並決定你認為這個可怕後果有多大的可能性（百分之七十五）。

以科學的名義發誓，我曾經在超市裡挖鼻孔，坐在清潔儲物櫃裡，還在公車上假裝恐慌症發作。你知道嗎？到目前為止，我從來沒有被嘲笑過，沒有因為缺氧而死亡，也沒有被逮捕。這讓在一旁觀看的個案大開眼界，他們鼓起勇氣自己也嘗試了。

當你故意說錯幾次話之後，你在人群前說話就不再那麼焦慮了。

哪些假設在限制著你？

打斷思緒的乒乓球遊戲

當你感到害怕或焦慮時，會影響你的思維。即使在正常狀態下，我們人類也已經存在一種消極偏見，也就是容易將注意力集中在負面消息多於正面消息。這樣做使得生存變得更容易，但不幸的是，生活卻變得更困難。我們會更注重事情出錯的地方，而不是事情進展順利的地方，悲觀地解讀模稜兩可的資訊。失去某些東西的悲傷程度，勝過獲得同等價值東西的快樂程度。這就是為什麼你可能很難記住上次績效評估中收到的所有鼓勵，卻可以一字不差背出批評的原因。

任何可能潛伏在地平線上的威脅都會進一步加強負面偏見。威脅過濾器壟罩著你的頭腦，危險意識成為你最優先考慮的問題。你會發現很難專注於其他事物。你開始在腦海中盤演所有可能和不可能的情況，並高估了它們發生的可能性。你很容易陷入擔憂（思考可能的未來威脅）或念念不忘（反覆回想過去發生錯誤的事情）。

擔憂常常就像一場心理上的乒乓球比賽。在桌子的一邊，你有你的**邏輯我**

（Logical Self），堅稱一切都會好起來，你有能力，房子不會只因為你忘記拔掉水壺插頭而燒毀。

在桌子的另一邊，你的**害怕我**（Frightened Self）則在尋找這種邏輯中的弱點，並列出可能發生的所有問題。「但如果發生這種情況呢？或者別的呢？」

你的**邏輯我**在這場比賽中很難取勝，甚至不可能贏。你的**害怕我**不受規則約束，可以違抗物理定律和常識。害怕床底下潛伏著怪物，等著你把腳伸出被子，這樣的念頭可以說是牽強的。不過，為什麼要冒險呢？每一次的安慰都會帶出另一個「**那要是……怎麼辦？**」，表示你的擔憂能力和人類的想像力一樣無窮無盡。

有時候，多一分擔憂是好事。擔憂可以阻止我們魯莽地投入新環境，鼓勵我們考量風險後採取合理的安全措施。然而，威脅過濾器容易讓擔憂失控。它高估了你被嘲笑、受到譴責或成為《活屍末世路》受害者的風險。然後，由於思想會影響行為，所以也可能導致你做出不合理的安全行為。你會反覆檢查、過度準備，甚至直接退出不幹。你在餐桌上變得心不在焉，因為腦海裡總是過去和未來最糟糕的事情。

要怎麼知道適當關注和過度擔憂之間的界線在哪裡？在這裡，你可以再次使用「停下來」原則來幫助自己。想一想，這一連串的思緒對你有幫助嗎？如果答案是否定的，那就結束思考。取消心理上的乒乓球比賽。放棄煩惱。拒絕被捲入內心的掙扎。

當擔憂的念頭出現時：「那要是發生這種情況怎麼辦？」只要回答：「可能會發生，我們拭目以待，」然後專注於你需要做的事情。煮一份卡邦尼義大利麵，和孩子們一起玩，或者做其他對你有意義的事情。

顯然，說起來容易做起來難。擔憂會持續轟炸你一段時間。但擔憂的念頭需要燃料才能持續下去。如果你設法避免與它們辯論，不去追究，它們最終會安靜下來。

透過練習正念訓練自己集中注意力。注意你的想法和感受，而不被它們所左右。相反，你要溫柔地引導你的注意力回到當下。

這種練習通常從將你的注意力引導特定的感官印象開始——例如，你的呼吸。每當你的注意力飄忽不定，都是重新將其聚集的機會。等到你在這方面變得熟練以後，就可以開始有意識地將注意力轉移到其他事物上，比如你此刻正在做的事情。你可以在洗碗、去餐廳或參加工作面試等日常活動中保持有意識的存在。這需要幾個星期的訓練，但大多數人在每天練習十五分鐘正念後就會察覺到差別。

也許你曾嘗試過正念，但並不適合你。正念有點像有氧運動，對每個人都有益，但方法有無數種，你可能需要嘗試不同的方法才能找到適合你自己的。

你也可以使用「無意識」，也就是分散自己的注意力。與其小心翼翼將注意力從擔憂念頭轉移出去，不如用其他刺激來壓過它，比如聽播客或打開電視。這是一種有效的策略，但也有其局限性。如果擔憂是暫時的，比方說，你只是想熬過今晚，分散注意力就很有效。反之，如果擔憂的念頭反覆出現，分散注意力可能會成為一種生活方式，你不斷讓自己忙碌，以避免面對困擾的想法。有些人試圖透過沉浸於工作、玩電動或參加聚會來遮掩痛苦。如果分散注意力實際上解決了問題（例如你感到孤獨時，就去找朋友），那麼這可能會有所幫助，否則，它通常只是將問題拖延到以後才解決。

當你感到不舒服時，總是從「停下來」原則開始。為什麼你現在會有這種感覺？你可以做什麼事情來解決問題嗎？找一個能幫助你找到解決方案的人聊聊。

如果你經常發現自己被閒暇時的消遣活動分散了注意力，可以運用第二章找出讓你感覺不錯的活動。一些真正讓你感到有意義的事情。在人生中虛度時光是令人遺憾的事。如果你很難獨自應對，可以考慮尋求專業幫助。

擴大你的舒適圈

「每天做一件讓你害怕的事情。」這是一個常見的建議。如果你問我，我會說聽起來真的很痛苦。

對抗你的恐懼並沒有什麼內在價值。每個人都會害怕一些事情，這很正常。如果克服過後有值得收獲的東西，那麼克服緊張也許是值得的，但只是為了克服而克服是沒有意義的。

我很怕黑，也很清楚該做些什麼才能擺脫恐懼。但考量到我很少一個人在家，所以爬進壁櫥等待死神的手來抓住我的脖子（我理智上明白這永遠不會發生），實在不值得。然而，對於我的生活來說，能夠進行演講、與客戶見面，頂著沒洗的頭去逛超市很重要。所以我做了，無論我擔憂的念頭如何抗議。

順帶一提，我的第一次暴露療法大多進展得相當順利。與許多蜘蛛恐懼症患者所想的相反，家中常見蜘蛛不會跳起來，也沒有興趣爬進你的鼻子或纏住你的頭髮上。不過，這些小傢伙會在牠們身後留下蜘蛛網，讓牠們看起來像是在空中飛行，彷彿違反了自然法則。

當這種情況發生時，我和我的個案一樣驚訝。在我反應過來並抓住蜘蛛的那一瞬間，我的個案已經在跑到花園的半路上，因為厭惡而在番紅花花圃裡不停扭動著身體。

如果我們的療程就此結束，他接下來的治療將會比以前更艱難，因為他的警報系統現在比以前響得更大聲。但我的個案很勇敢，經過幾次深呼吸後，設法回到了室內。我們完成了這次療程，他對自己感到非常自豪。

暴露療法並不一定要完全按照劇本進行。有時「失敗」反而是有益的。講一個冷場的笑話。提出某事並被拒絕。重新參加考試。首先，實際上失敗的次數比你預期的要少。然後，即使失敗了，你幾乎總是能夠應對得比你想像的要好。你會意識到，多年來阻礙你的恐懼，其實並不是那麼嚴重。

如果明天你醒來，所有阻礙你前進的不安都消失了，你會做些什麼？「每天做你想做的事情——即使它讓你害怕。」我認為這句座右銘更好。

如何幫助朋友

如果有人向你透露了他們的恐懼，你應該感到榮幸。我們通常只與信任的人分享這類的事情，因為這樣暴露了我們的脆弱性。

與別人談到自己的擔憂時，我們最不想要的是聽到對方講道理或建議。我們需要的是認可——確認我們的經驗並不奇怪、錯誤或不合理，確認我們在那一刻的感受是可以理解的。心理師有一半的工作就是確認他人的經驗（另一半的工作是修正這些經驗，但並不是那麼受歡迎）。我們沒有必要同意這些經驗在客觀上是「正確」的，也不需要就如何處理這種情況達成共識。然而，你總是可以表達你理解對方的觀點，並同情他們正在經歷的事情。

> **每天做你想做的事情——即使它讓你害怕。**

奚落、嘲笑或否定恐懼會破壞信任度。擔憂仍然存在，但對方將其隱藏起來，以避免遭到嘲笑。

我們的第一反應通常是試圖解決問題。雖然這樣做是出自於好意，但通常最好先問對方打算如何處理這種情況。他們往往會有自己的解決方案，只是需要一點動力來鼓起勇氣。插手不必要的問題可能使人懷疑自己的判斷力，甚至感到更加不安。

有時候，無論你怎麼說服、安撫和解決問題，都無濟於事。你的朋友已經把你設定為他們心理乒乓球比賽的對手。「那要是發生這種情況怎麼辦？」他們問。「我知道這不太可能，但如果事情沒有按預期發展呢？」正如我所說，擔憂的反駁論點就像人類想像力一樣無限，所以比賽可以永遠進行下去。你可能花幾個小時將一個問題分析到底，解決方案卻仍然毫無進展。

如果你有一位容易擔憂和耿耿於懷的朋友，請幫他們和自己一個忙，暫停這場比賽。改變話題，或者讓他們忙一些難以同時反覆思考的事情。如果對方的心情有所改善，威脅過濾器通常會自行從他們的想法中消失。經過一個充滿笑聲的夜晚，問題通常比在充滿焦慮的夜晚更容易處理。

緩解焦慮，只有一種方法可以一勞永逸：重新校準警報系統。即使會感到不舒服，也要對抗擔憂和不確定性，實際行動起來。你可以透過為他們加油打氣、鼓勵他們，一起慶祝進步，支持朋友度過難關。你可以推薦這本書，並與對方討論你想支持他克服哪些問題。

不要隨便起衝突。有時候，容忍彼此的討厭之處也是友誼的一部分。有些人不喜歡講電話或獨自搭公車。只要生活可以繼續，每個人都開心，就沒有必要改變。但是，當一句安慰的話語已不足夠，你的朋友或親戚發現自己很難獨立做出簡單的決定或完成日常任務時，要注意支持關係是否演變成關係成癮（codependency）。他們可能期望你檢查爐具是否關閉，出示你的聊天記錄以證明你沒有背叛他們，或者陪他們出門透透氣。這會讓你成為了別人離不開的拐杖。

如果你採取這些安全行為，對你所愛的人是一種傷害。即使在短期內有所幫助，長期來看可能使問題變得更糟。拒絕往往沒有什麼幫助，通常在對方感到焦慮和心煩的情況下，只會引起爭吵。但事後一定要談談，並試著找到更好的方式，以處理今後類似的情況。

鼓勵他們尋求專業幫助。如果這樣做可以更容易開始，你可以提議幫忙預約時間，第一次陪同他們前往。你可以要求一起見治療師，並將談話重點放在如何支持你所愛的人接受治療上面。

即使這個人不想尋求幫助，寧願繼續陷入情緒陷阱，你也要明確表達自己的界限。他們有需求，但你也有。如果這讓你感到不舒服的話，你就不應該全天候待命，也不應該聽他們喋喋不休抱怨幾個小時。如果你一直以來都是可靠的支柱，可能會感覺很難做到。但正是這樣，讓他們意識到自己的情緒陷阱已經影響到他們所愛的人，往往是他們需要的警訊，讓他們徹底解決自己的問題。

第五章

管理壓力——巧妙處理，勝過拼命工作

情緒陷阱：拼命工作
行為原則：巧妙處理

那是截止日期前的最後一天。我本來星期一就要開始新工作，必須繳交原稿給我的出版商。我打字速度飛快，鍵盤敲到快要冒出火花。我大半夜幾乎沒睡，因為一直在安慰一位朋友，他的貓被送到動物醫院急診室。而且這天剛好是我的出版商目錄要印製的日子，我看到印刷圖片時，差點忍不住哭了。

我的電話響了。是那個跟我約會幾個星期的男人（我已經完全愛上他了）打來的，他覺得我們進展太快，想暫時分開一下。

好啦，隨他便。我沒時間為此感到難過。回到工作上吧。

我坐在電腦前，繼續敲打鍵盤。很奇怪——我有一種強烈的既視感。我已經寫過這一節了嗎？我滾動滑鼠檢查文字。沒有，一切都正常。真怪。

我繼續打字，但這種感覺只是加劇。

我應該把原稿寄出去請人評閱。我應該再寄給誰呢？

當我坐在那裡盯著螢幕，感覺我的周遭好像慢慢開始解體。我在做什麼？我到底在哪裡？我試圖控制我的思緒，但它們像沙子一樣從我的指間溜走。

我是不是中風了？

身體的天然能量飲料

壓力就像是身體的天然能量飲料。這是一種原始反應，能夠激發你的力量，讓你面對挑戰。身體和大腦的資源會重新分配，使你保持警覺和強壯。這可能是為了對抗身體上的挑戰，如舉起重物，或是對抗精神上的挑戰，如保持清醒。

簡單來說，你可以把人體的壓力系統分為兩個部分：交感神經系統（加速器）和副交感神經系統（煞車器）。

當你面對威脅時，交感神經系統的活動增加。身體的能量被動員起來，以應對戰鬥或逃跑。你的脈搏加快，血液從消化系統流向大肌肉群。你變得緊張而不安，呼吸變得較淺。大腦也轉換排檔；你變得警覺，感官變得敏銳。你的心智全神貫注在眼前的威脅上，以及如何避免威脅。

雖然這樣說有些簡化，但普遍認為，人在適度壓力下會表現得最出色。這部分可以用葉杜二氏法則（Yerkes-Dodson law）倒U型理論來解釋。在倒U型曲線最下面，當你舒舒服服地躺在吊床上無憂無慮時，你的表現會很差。如果有人出一道困難的數學題，你可能只會困惑地眨眨眼。

只要有一點點壓力，你就會變得敏銳且專注。你會燃起鬥志，準備全力以赴。但如果壓力過大，你會變得過度激動，產生隧道視野。血液從大腦額葉流到比較「未開化」的部分，你會變得很難清晰地思考。

在極端壓力下，你的大腦會切換成戰鬥或逃跑反應——你會感到恐慌。恐慌失措的人很少有效率。

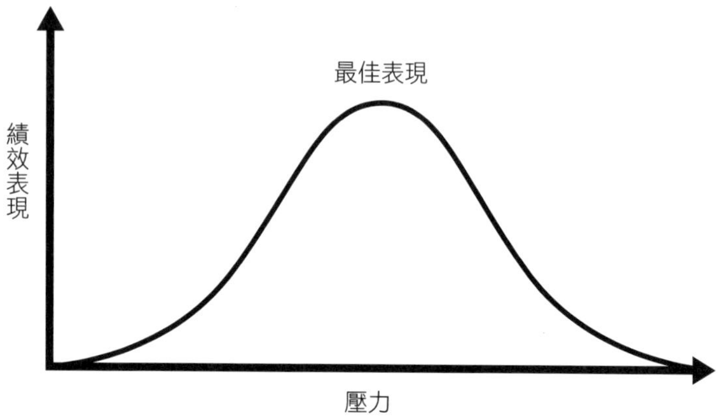

身體能夠持續耗費能量的時間是有限的。就像電池需要充電一樣，人體也需要恢復才能長期承受。

等到危險過去後，身體的「煞車」系統就會啟動。副交感神經系統會使身體平靜下來，恢復平衡。它重新啟動了被降低優先次序的身體功能，如消化、傷口癒合、生殖和睡眠。

換句話說，壓力是一種好且有用的反應。它讓你準備好應對挑戰，過著充滿繁忙和活動的豐富生活。前提是你必須定期修復，無論是身體上還是精神上。

情緒陷阱

這就是我們可能陷入情緒陷阱的地方。我們的生物程式假定我們面臨的威脅像一頭具有攻擊性的土狼，只是短暫性質。一旦危機解除，我們就能得到急需的休息。或者，威脅像長期的飢荒一樣嚴重，耗盡了我們的資源，但唯一的選擇就是死亡。

在現代社會中，我們面臨著不同類型的需求。我們一直與持續存在的問題和不斷增長的待辦事項鬥爭。我們不僅需要在工作中表現出色，而且生活的其他方面（家庭、身體健康、人際關係）也可能讓我們感覺像是在做繁重的項目。沒有地方讓我們歇息。

壓力籠罩著你的思緒。你出現隧道視野現象，很難客觀地評估形勢。滿腦子都是壓力，感覺所有任務都很緊迫，很容易高估它們的重要性。事實上，如果你考試不及格或你的伴侶對你感到失望，這可能並不是世界末日，但你可能會覺得是。

你的情緒會驅使你繼續前進。你變得緊張、不安和狂亂。

你的行為衝動很快變得難以持續。加快腳步，繼續向前，拼命工作，做更多的事情……。當你趕時間時，休息往往是最先被擱置一旁的事情。即使偶爾一天中有抽空喘息的機會，但你也許會利用這段時間打個電話或趕快回幾封郵件。這些都是短期內有效的策略，例如，當你距離最後期限只剩下幾天時間的時候。但是連續幾個月或幾年都這樣生活的話，長期下來就是引發壓力相關疾病的絕佳秘方。

身體的副交感神經功能無法持續處於待命狀態。如果消化系統長時間被降低優先次序，你可能會出現胃部問題。持續肌肉緊張會導致疼痛、高血壓，甚至心血管疾病。你的性慾減少，因為你的身體被設定成求生模式，而非物種生存。如果精神上的資源耗盡，你會變得無法集中注意力，並出現記憶問題和易怒情緒。

你有沒有注意到，處於壓力期間的你更容易生病？短期內，壓力會強化免疫系統。但如果你長期處於高壓狀態，你的免疫系統將受到攻擊，一點小感冒都會重創你。或者，有些人撐到了放假的第一天才生病。有個假設認為，這是過度發炎引起的，直到你放鬆下來，免疫系統才有足夠的資源去處理。

如果你發現自己出現了上述這幾種症狀，這可能是慢性壓力問題的徵兆。如果是這種情況，你需要立即採取行動，因為如果繼續這樣下去，恐怕你會精疲力竭。請聯繫你的醫師。

有些人將正面壓力（也就是感覺有趣和振奮的挑戰）和負面壓力（也就是覺得被迫應對的事情）加以區別。例如，正面壓力可以是一份新工作或期待已久的約會。然而，從生理角度來看，無論是什麼讓你感到有壓力，它們都是以相同的方式來影響你的身體，長期下來，你都需要時間來修復。

有些人吹噓自己從來不會感到有壓力，而且能夠抵擋倦怠。這就像聲稱自己可以連續跑步都不休息一樣荒謬。有些人的身體比其他人更健康，有些人抗壓能力更強，但每個人都有極限。

當你處於壓力的情緒陷阱中，可能很難走出來。也許你嘗試過放鬆運動來讓自己紓解身心，卻因為環境中的水滴聲感到煩躁不安。也許好心的朋友勸你「放鬆下來」，而你卻不得不忍住想要用頭撞向他們的衝動。

別擔心，有些事情是你可以做的。我們將討論一些使用行為原則應對壓力的方法。

該怎麼做

休息一下

當你緊張有壓力時，首先被忽略的事情就是休息時間。你可能會跳過午餐，對著在茶水間開心大笑的同事們皺眉。這樣的作法並不好，我來解釋為什麼。

如果你做過重量訓練，就會知道，有定時休息才可以承受更多的重複動作，而不是一口氣做完所有動作。跑步也是一樣的道理——如果你時不時停下來喘口氣，可以跑得更久。這正是心智努力（mental effort）的運作原理：你需要休息才能持之以恆。

人類的大腦並不適合連續幾個小時專注於同一項任務上。大約一個小時後，不管你願不願意，你的思緒都會開始游移。你可以強迫自己繼續下去，將注意力集中在手頭的任務上面，但這需要更多的精力。

諷刺的是，沒有休息的工作通常比有休息的工作花更長的時間，因為時間一拉長，你的生產力就會下降，就必須花更多時間來彌補這一點。此外，等到終於完成工作時，你會感覺自己像一條擰乾了的抹布一樣疲弱無力。因此，休息並不代表會減少工作進度，實際情況恰恰相反。

你可能想到這樣的例子：你苦苦思索一個看似無解的問題許久，結果一離開辦公桌，問題就迎刃而解。壓力會讓你對手上的任務出現狹窄的視野，限制了你的聯想和創造力，而有機會放鬆和做白日夢時，你就成為這方面的專家。

此外，等你休息過後，以嶄新的眼光看待任務時，你可能會發現自己過於拘泥於一種思維方式。你會重新調整自己的任務定位，退後一步，以更寬廣的視野審視自己埋頭苦幹時所失去的東西。也許有一種更有效的方法可以處理，最後節省時間。

當然，這並不表示你身邊看似整天都在玩手機的懶惰同事就是職場中最有效率的人。休息在工作時段之間是有效的，但並不能取代工作。我們也不應該自欺欺人，認為那些利用午餐時間工作、在會議期間讀郵件的人一定是效率最高的。

因此，一般來說，休息是很重要的。無論是短期（一天之中）還是長期（週末和節日假期）。如何休息也很重要。

想在休息期間真正斷絕與工作的聯繫，你需要做些其他事情。最好是在不同的環境中進行不同的活動。在電腦前面切換不同的任務並不是最佳的休息方式。與同事一起離開會議桌，坐到隔壁房間的咖啡桌前也不是。

良好的休息活動可能是澆花或遛狗。如果你的生活方式是經常久坐不動，伸展一下身體或在附近街區散步可能是不錯的選擇，儘管這些是你備感壓力時最不想做的事情。因為你的壓力反應會不斷告訴你要回到手邊的任務，要你在放鬆之前必須打敗一個敵人。但你更清楚。我常說，收件匣就像多頭蛇海德拉，砍掉一個頭，就會重新長出更多頭。從長遠來看，休息會增加你的耐力。

無所事事、花時間獨處可能會讓人感到痛苦。確實。在一項研究中，讓受試者留在一個房間裡獨處一會兒，時間從六到十五分鐘不等。他們可以選擇坐著思考或給自己電擊。如果你注意過許多人在排隊時會拿起手機看，你就會知道結果如何。受試者中有一半的男性和三分之一的女性選擇了電擊。

這種情況被戲稱為平靜恐懼症（paxophobia），一種對放鬆和寧靜的強烈厭惡感。如果你發現自己有這種狀況，這表示你比以往任何時候都更需要休息。像安排重要會議一樣安排休息時間。

每個人需要的休息類型因人而異，但首先從每小時伸展一下雙腿的假設開始，如果你一整天都在努力工作，就需要進行幾次較長時間的休息。如果喝茶發呆不適合你，那就去跑個腿或洗洗碗。

你也不能等到精疲力盡才休息，這樣會延長恢復精力所需的時間。最好預防性進行短暫的休息。不要被「可是我現在工作狀況正好」之類的藉口所欺騙。現在狀況正好雖然不錯，但一整天保持工作狀況會更好。

壓力就像是身體的天然能量飲料。

這也適用於那些有拖延症的人。許多拖延症患者認為，起步花了這麼長時間，他們沒有資格休息。事實上，缺乏休息本身就可能成為拖延症的原因。如果你知道自己要進行一場馬拉松式的工作，就會不太願意開始。應按照時間表休息（前面的動機章節解釋了如何將馬拉松比賽拆解為易於管理的里程碑）。

請克制填滿每個短暫休息時間的衝動。在等待公車的時候，不要瘋狂滑社群媒體動態或查看新聞，深呼吸幾口氣，四處看看。

以更巧妙的方式處理工作

當你感到有壓力時，暫停並放鬆一下固然有幫助，但通常不夠。問題依然存在：我要做的事情太多，時間卻太少。我該如何解決這個看似無解的方程式呢？

簡單來說，壓力管理可以分為兩種不同的類別：主動應對和被動應對。**被動應對**（Passive coping）發生在你把自己看作是情勢受害者的時候。你努力掙扎、受苦、試圖逃避額外的責任。然而，你並沒有真正做任何事情去改變現狀。**主動應對**（Active coping）則是嘗試一勞永逸地解決壓力根源。例如，找更有效率的工作方式、試圖延後截止日期或尋求幫助。

舉例來說，收件匣塞滿了大量你沒有時間閱讀的電子報，就是造成壓力的因素。把郵件刪除或移到一個名為「稍後再看」的文件夾裡，直到網路消失也不打開，這就是被動應對。主動應對指的是，打開郵件，拉到底部，然後按下「取消訂閱」的連結。

主動應對通常需要花更多時間。不過，從長遠來看，主動應對可以永久地解決問題，從而節省精力。你認為情緒陷阱會促使我們採取什麼策略呢？

行為原則就是在你有壓力時，看出過去的壓力運轉模式（努力工作），並調整為更持久的壓力管理模式（巧妙處理）。你比我更清楚你所面臨的挑戰，以及在你的情況下被動或主動應對意味著什麼。不過，讓我們檢視一些常見的陷阱，看看有沒有符合你的情況。

陷阱一：多工作業而非專心做好一件事

壓力大的時候，你可能會同時煎香腸、輔導孩子做數學作業，還要預約整理頭髮。你以為同時進行好幾件事，可以節省時間，但事實上並非如此。

多工作業（Multitasking）是指同時從事兩個或兩個以上的活動。雖然你感覺自己在專注於多件事情，但實際上人類大腦一次只能專注於一件事。不過，大腦可以做到迅速切換專注的重點，而且切換速度非常快，以至於感覺好像同時思考好幾件事情。然而，這種能力是有代價的。切換不同活動需要消耗心智精力（**mental energy**），不斷重新調整自己的專注方向。與一次做一件事相比，你最終會感到更疲憊，壓力更重。

有些活動我們可以同時進行，因為它們很簡單或自動化。我們可以一邊熨燙衣服或開車，一邊聽收音機，因為這些動作都是在無意識中進行的。但是，一旦發生需要專注的意外事件，你就會停止關注正在收聽的內容。

你朋友坐在對面回覆簡訊，聲稱他們還在聽你說話？騙人！這可能是一種自欺，但同樣是謊言。

這就是說，在需要集中精力完成的任務上，按部就班完成工作是最有效率的方式。不要一邊聽講座一邊忙著其他事情，先完成手頭的事情，再來聽講座的錄音檔案（也許可以邊熨燙衣服邊聽？）。

如果你的任務需要專注，儘量在工作期間消除所有干擾。關閉電腦上不必要的分頁。把手機放到一邊。躲到圖書館裡，遠離家中的混亂。

對我自己來說，提高工作效率最有幫助的事情之一就是關閉電子郵件通知。只需點三下，我就從不斷被打擾恢復到寧靜的狀態。我每天查看電子郵件兩次——午餐前和傍晚，反正這些時候我也懶得專心工作了。如果你覺得這樣不適合你的情況，那什麼方式比較適合呢？挑戰一下你的情緒陷阱——你可能並不需要如你所想的那麼頻繁地檢查郵件。

如果你沒有機會一直不受干擾地工作，至少試著安排一些專注的工作階段。也許你可以每個星期在家工作幾天呢？

陷阱二：貿然行動而不是擬定計畫

如果時間緊迫，你可能不想浪費寶貴的時間在計畫上面。不幸的是，這種目光短淺的想法最後可能會讓你花費許多不必要的時間。例如，你可能會花了好幾天去閱讀有關壓力引起生理反應的書籍，最後才發現你要寫的文章根本不用超過半頁。只是隨便舉個例子……。

當你覺得自己快被壓力淹沒，是時候退後一步，規劃你要做什麼和按照怎樣的順序。待辦事項清單可能有所幫助，但它們很容易變成亂七八糟的任務，讓人忍不住從最簡單的任務做起，只因為它們比較容易被劃掉。寫一些次標題來概述：今天、明天、本週和有空的話。養成定期檢查待辦事項清單的習慣，移除那些已經擱置好幾個月沒有行動的事情——這些事項可能一開始就不是那麼重要。

了解整體情況的一種方法是在行事曆上預約專注的工作階段，如果你估計一個任務需要兩個小時完成，就像預約會議一樣將其安排到你的行事曆上。對於那些容易工作過度的人來說是個很好的練習，練習在時間之內交出工作成果，即使成果還不完美。稍加練習，你就能接受將事情做得夠好就好的事實。

為了對抗壓力，重要的是要讓你的計畫符合實際狀況。你不可能每天都是超人。納入休息時間、會議之間的準備時間，並保留一些彈性時間，以防財務部的凱倫需要緊急的資訊技術協助。有一個建議非常好，在大腦最清晰的時候，從一天之中最重要的任務開始。這樣，你那一天的任務就會越來越容易處理。

當你看到自己的計畫以白紙黑字清清楚楚地呈現出來，有時候會痛苦地意識到自己根本無法應付所有事情。你必須減少承擔的事情。這將引出我們的下一個策略：設立界限。

陷阱三：隨意答應而不設立界限

短期來看，答應比拒絕容易得多。你可以避免潛在的衝突、冗長的討論和失望的表情。後來等到你真的不得不兌現承諾時，頭痛的問題就來了。

這時候，你清楚的規畫將派上用場。例如，假設你從事兼職工作，很清楚知道你

當你緊張有壓力時，首先被忽略的事情就是休息時間。你可能會跳過午餐，對著在茶水間開心大笑的同事們皺眉。

的職責範圍不可能在工作時間內完成，那就把你的任務清單交給老闆，詢問他們應該優先處理哪些任務，哪些可以取消。如果是重複性任務，可能需要委派給其他人，而不是每個星期都由你來處理，最終卻完成不了。

練習拒絕額外的委託。下次有人要求你參加會議、籌辦聖誕派對、拜訪你的瑪貝爾姨婆，或者其餘你沒有時間或沒有意願去做的事情時，請試著說不。「抱歉，目前我的行程已排滿了。」「不好意思，我沒有時間。」「這次不行。但謝謝你的邀請！」如果你是那種容易貿然答應的人，看到自己的行事曆排得滿滿時卻備感焦慮的話，那麼請先告訴對方你會再回覆。在尚未查看行程之前，不要隨意承諾任何事情。

拒絕可能會引起各種不愉快的幻想情景。要是你的客戶生氣了，你的家人覺得你忘恩負義，或者你的朋友再也不想邀請你了怎麼辦？問問自己，你是如何看待那些保護自己界限的人。禮貌但堅定的拒絕可能會在當下讓你感到沮喪，但你可能會尊重那些展現這種正直的人。我敢打賭，你更欣賞這種行為，而不是那些拖延、達不到目標或最後一刻失信的人，因為他們一開始就沒有足夠的能力。

退後一步檢視你的承諾是個好主意。你是不是有些真的不喜歡的任務，可以交由其他人去做？也許值得聘請清潔人員或放棄你作為家長足球教練的角色。

你對自己提出的要求是否阻礙了你真正重要的事情？試著邀請朋友來家裡吃飯，不要先用吸塵器，提供冷凍比薩代替自製餐點。真的會是一場災難嗎？

陷阱四：凡事親力親為，而不是建立支援網絡

當你感到有壓力時，另一個常見的衝動就是事必躬親。這樣，你就可以確定孩子的運動背袋已經打包完畢，或者倉庫的物品已經放置妥當。而且，你告訴自己，自己來比教別人怎麼做更快。如果讓別人嘗試，你可能還要清理他們之後留下的殘局。

這種說法有幾分道理。你把任務委派出去，從其他人那裡得到幫助時，任務不太可能完全按照你的期望方式完成。如果只是個別任務，花點力氣自己完成可能是值得

的。但是，當這些任務累積起來時，不及時尋求幫助很快就會陷入情緒陷阱。

試著建立一個不依賴你的系統。你永遠不知道，自己可能會發生什麼事情。如果只有你一個大人知道孩子的行程，或者辦公室裡唯一知道如何使用塑膠封口機的員工是你，會讓整個系統變得脆弱。如果你出了什麼事，其他人需要能夠接手。你可以習慣別人洗碗洗得不好。相信我——我是吃了一點苦頭才學會的。

當然，合作說起來容易，做起來難，可能會出現爭吵和誤解。在大多數情況下，一個有效的方法是團隊回顧。

團隊回顧（Team debriefing）是一種建立團隊合作的方法。它經常使用於工作場所，但在家庭、社團或人際關係中同樣有效。在團隊回顧中，大家坐下來評估先前的合作狀況。可以每個月進行一次，當你們完成一個項目時，或者經歷了不愉快的夜晚後。問問你們自己：

- 哪些工作做得很好，我們想要繼續下去？

- 哪些工作不太順利，我們需要找到其他解決方案？
- 我們可以另外嘗試做些什麼？

你們坐下來評估日前的露營車出遊時可能會注意到，每個人都能在每次停車後好好確認自己是否遺漏手機。團隊中有一半的人在準備晚餐，另一半的人在組裝戶外桌子，這種方式也運作得很好。然而，在前往馬蓋特鎮（Margate）路上爆發的可怕爭吵，並不是值得回憶的亮點——明年我們將在車上準備一些香蕉作為應急食物，以防止血糖下降。另外，預先安排的過夜住宿最好減少，這樣就有更多的時間享受臨時起意的游泳。

如果你們定期進行回顧，並專注於尋找解決方案（而不是指責代罪羔羊），合作狀況通常會隨著時間變得更完善。研究顯示，團隊回顧可以提高工作小組的生產力高達百分之二十五！

我至今仍認為我最偉大的專業成就之一，就是透過定期進行的回顧會議，將每週會議從九十分鐘壓縮到十五分鐘。少了嘆氣和翻白眼，多了喝咖啡的時間。

陷阱五：拖延問題而非解決它

少數事情會像逐漸惡化的問題一樣引起極大的壓力。長時間通勤佔用了你的休閒時間。金錢方面的煩惱。與同事的衝突似乎永遠不會結束。

當壓力越變越強烈以至於不堪負荷時，常見的反應是消極被動。你感到無助、疲憊，看不到出路。你晚上睡不著覺，反覆思考這個問題——想的不是如何解決它，而是事情為什麼會變成這樣。或者，你試圖完全避免思考你的問題。無論採取什麼策略，結果都是一樣的——你沒有做任何解決問題的事情。

當然，有時你會遇到極端的生活情況，你實際上無法影響結果。你可能被通知患有嚴重的疾病，或者正在等待工作申請的回覆。但在大多數情況下，你可以做些什麼來改善你的處境。做你能做的事，無論多麼微小，都可以對抗壓力的情緒陷阱。行動所帶來的韌性和日益成長的自信，會取代疲憊和無助。

在這裡，我將概述一種在心理治療中經常教授的問題解決技巧。它看起來很簡單，但實際上是改善心理健康最強大的工具之一。訣竅在於實際應用它。

1. **確定問題**。對你的工作感到不開心或不滿意，這個問題過於龐大和模糊，盡量嘗試將問題具體化。例如，「我想結交新朋友，可以週末一起出去玩。」

2. **集思廣益想出解決方案**。像平常一樣進行腦力激盪，不要自我審查。即使是荒謬的建議也有幫助，因為它們可能會讓你哈哈大笑，幽默可以幫助你打破壓力帶來的視野狹窄。至少寫下十個建議。例如：加入俱樂部、邀請同事共進晚餐、參加一門課程、重新聯繫前任、邀請身上散發鹹魚味的鄰居來家裡喝咖啡。

3. **評估這些建議**。一旦你寫下所有你可能想到的解決方案，再逐一評估它們。刪除任何非法或不適當的建議。權衡最佳建議的利弊。也許你真的無法忍受那種鹹魚的味道。

4. **選擇一個解決方案**。也許你不確定這個方案是否奏效，但它看起來最可行。即使你從來就沒有想要加入俱樂部，但試一試也無妨。

5. **擬定行動計畫**。如果很難開始行動，可以再看看關於動機的章節。今天你可以採取的第一步是什麼？例如，你可以查找三個不同的俱樂部聚會，並記錄在你的行事曆中。

6. **評估結果**。只有在你真正嘗試過選擇的解決方案後，你才能評估結果。有用嗎？太棒了！還是沒有？那就重新開始。

壓力可能讓人感到難以承受，但請盡量抵抗情緒陷阱的引誘，不要逃避、躲藏或忍受。你不需要留在一種不可持續的情況中。盡你所能來管理它，壓力感就會減輕。一步一步，你將重新掌控自己的生活。

限制無止盡的工作

我曾在一家私人治療診所工作。我有一位個案是中年的建築企業家，他是三個孩子的父親，看起來疲憊不堪。他告訴我，他已經感覺不適很長一段時間了，這些都與壓力有關。他覺得被逼迫、無法勝任，甚至與孩子們共進晚餐時，他也無法停止思考工作。

在我們談話期間，他的手機每五分鐘就會響一次，他會找藉口離開，以確保來電不是什麼重要的事情。這就說明了，即使在我們的治療過程中，他也沒有把自己的心理健康擺在第一位。

我們約定兩個星期後下一次療程再見面。在這段期間，我問他可不可以做一個小實驗。請他關掉手機的鈴聲和郵件通知，並且下班後完全不准查看收件匣。他持懷疑態度，但畢竟是花錢請我給建議。他同意試試看。

你也不能等到精疲力盡才休息，這樣會延長恢復精力所需的時間。

兩個星期後，他拿著羽毛球拍出現，看起來年輕了十歲。他有些不好意思，低聲說著也許他不再需要治療了。他已經不再全天候待命，重新開始運動。生意也進展順利，他感覺自己煥然一新。

這可能聽起來難以置信，壓力管理並非總是如此簡單。但有時確實如此。為了讓你獲得所需的恢復，光是身體離開工作場所還不夠——你還必須在精神上與之脫離。只是因為你可以把工作帶到山上或床上，並不表示你應該這樣做。現代工作生活可能會讓居家工作感覺更像是生活在辦公室裡。

這似乎是不可能辦到，但你可以利用行為原則在壓力和恢復時間之間建立精神界限。

一、地點

就像你的大腦已經學會將醫院與疾病、清潔劑的氣味聯繫起來一樣，你周圍的環境線索也會提醒你感到有壓力或感到放鬆。有個專門用來工作或學習的地方，你在那裡更容易專注於任務，你離開那裡時也能釋放這些思緒。

既然不是處於工作狀態，那就試著取消任何工作的提醒。將工作郵件圖示從手機主頁上刪除。如果你有穿著工作服，那一到家就換掉。不要穿著睡袍工作，因為這樣不僅會把居家的舒適感帶到辦公室，也把辦公室帶進週末的悠閒生活中。

如果你是在家工作，區分地點特別具有挑戰性。在理想的情況下，你應該擁有一個只用來工作的地方，永遠不要（絕對不要！）在床上工作。如果你坐在餐桌旁，請確保在用餐之前，清除所有的壓力誘因。

你也可以使用各種儀式，比如在平日工作開始和結束時散個步。

二、時間

即使你正在學習或有彈性的工時，遵守辦公時間工作也會帶來很大的不同。你知道自己什麼時候開始工作，並可以讓自己在下午五點時心理上結束工作。這讓你避免了那種持續不斷的內疚感，覺得自己應該工作。當周圍的人習慣了一個可預測的時間表時，也會使合作和家庭生活變得更加容易。

當然，有些情況在晚上或周末工作是有充分理由的。至少我聽說過。在這種情況下，提前計劃工作時間段對於設定限制可能會有幫助，比如從晚上九點到十點。前後都是自由時間。如果工作時間之外突然冒出工作靈感，可以記錄下來，並延到下一個計劃的工作時段。

三、聯繫時間

如果你躺在沙發上放鬆，卻一直有手機提示音傳來，那麼放鬆就會很困難。盡可能關閉來自應用程式的通知。將工作郵件藏在一個只能在工作時間檢查的文件夾裡。

在工作和其他事情上，找個時間好好談談，說明你有時候也需要放個假。你們對於可聯繫時間的期望是什麼？通常對方會高估你回應的速度，尤其是在工作時間之外。如果別人期望可以隨時聯絡到你，這就該視為待命時間，應反映在你的薪酬中。

克制在晚上十點「只是快速檢查郵件」的誘惑。以為打開郵件能平息你的擔憂，顯然是一種情緒陷阱。

四、傾訴

如果你的壓力整個星期都在持續上升，那麼星期五晚上去喝杯酒，把所有的事情全都宣洩出來，感覺會很好。聊聊你那不稱職的老闆、資訊技術的困擾或客戶不合理的期望。我們都知道，談論自己的感受很好，但要記住，從心理學角度來看，想著工作也算是無償的工作時間。如果你一直糾結同一個話題，這是被動的應對方式——你只是暫時緩解了壓力，而沒有解決潛在的問題。回到上一章，看看是否有辦法一勞永逸地解決問題。

總是有更多的事情要做，而我們的情緒很擅長提醒我們這一點。在工作和休閒之間設立界限，通常一開始會感到不舒服。壓力感可能會暫時上升，因為你被事情可能出錯的想法所困擾。堅持下去。就像你在其他情境中運用行為原則時一樣，壓力的聲音通常會在一段時間後安靜下來。

於是，你突然發現自己有很多休閒時間。你究竟要怎麼利用它呢？

工蟻還是愛玩的蚱蜢？

有人提到「恢復」時，腦海中可能浮現的第一個畫面是倒在沙發上，把腳抬起來。恢復等同於身體休息的觀念，可能是從大多數人從事體力勞動的時代遺留下來的。在田間幹活了一整天後，最需要的是休息。然而，對於我們這些坐在辦公室椅子上八個小時的人來說，需要的是以完全不同的方式重新充電。

就像我們有不同的肌肉群一樣，我們也有不同類型的疲勞。在長時間集中精力處理複雜的問題後，我們會感到精神疲勞。整天與他人交流、考量他人感受，我們也會感到情緒疲勞。身體的疲勞來自於體力消耗。最後，當我們保持清醒很長一段時間後，睡意就會悄悄襲來。

不同類型的疲勞需要不同類型的恢復。身體疲憊時，在沙發上狂看電視是很好的恢復方法，因為你的身體得到了休息的機會。反過來看，散個步或在花園裡閒晃可以解決精神疲勞。如果你一整天都在努力保持禮貌，那麼獨處一會兒對你大有裨益。

疲勞類型	恢復方式
精神疲勞	與朋友聚餐、運動、園藝、跳舞、性生活
情緒疲勞	獨處、與親近的朋友或寵物相處
身體疲勞	看電視、閱讀、泡澡、玩電動
睡意	睡眠

這就是情緒陷阱可能出現的地方。有許多情緒會和疲勞混淆在一起：情緒低落、失望、無聊……。如果你工作一整天後回到家，跳騷莎舞可能是你最不想做的事情。你可能寧願倒在沙發上，直到睡覺時間才起身。休息很誘人，因為不需要任何努力——但也不一定能讓你的精力元氣得到恢復。

恢復對你來說代表著什麼？哪些活動、興趣和人際關係能讓你重獲活力和能量？我很懷疑邊看電視邊滑手機是解決問題的辦法，即使這可能就是你晚上打發時間的常態。你還可以做點什麼？

有趣的是，運動可能是最好的恢復方式之一——至少，對工作性質是久坐的人來說是如此。運動，特別是有氧運動，會使交感神經系統啟動，就和壓力下的反應一樣。運動結束時，身體的煞車系統會自動啟動，以清除壓力荷爾蒙。很少有什麼比做完一次充實的有氧運動後感覺更放鬆的了，如果你定期運動並提升自己的體能，你的身體就會習慣交感神經系統的啟動，即使工作壓力很大，也不會覺得那麼吃力。運動使你更能抵抗壓力。

你仍然不相信休閒時間的重要性嗎？有一項如今已成為現代經典的美國研究，對四十位美國科學家的整個職業生涯進行追蹤調查。研究於一九五〇年代開始，當時他們都是前途無量的年輕學者。到了一九八〇年代完成研究時，可以從受試者中發現兩個群體。第一個群體在職業生涯中進入了高原期，他們在研究和教學方面擔任體面的職位，但與第二個群體相比，卻顯得黯淡無光。第二個群體由極為成功的科學家組成，他們超越了所有期望，在自己的領域取得突破，有些人甚至獲得了諾貝爾獎。

乍看之下，很難看出這兩個群體之間有何不同。所有受試者都聰明勤奮，但當考慮到他們的休閒活動時，答案就變得清晰了。更成功的科學家往往有更多的休閒興趣。他們花了很多時間在藝術和運動上，並重視他們認為充實的活動。而那些職業生涯停滯不前的人興趣較少，體能活動較少，並認為花更多時間工作是完成更多工作的唯一方法。

認為我們必須在生產力和樂趣之間做出選擇，或者當工蟻還是當愛玩的蚱蜢，這種想法其實是錯誤的二分法。把兩者結合起來時，我們會感覺更好，表現也更出色。最美好的日子是充滿變化的。

不過，需要提醒一句。社會壓力可能會促使你努力用成就來填滿你的時間（成功的職涯、乖巧的孩子、像精英運動員一樣訓練、家裡維持著隨時都可以拍攝室內設計雜誌的樣子）。具有挑戰性的休閒興趣可以讓人恢復精力——例如，踢足球時，很難一直想著工作壓力。但如果你正在經歷壓力，想一想什麼才是真正讓你恢復的方式。如果利用假期來撰寫小說或整修避暑小屋感覺更像是責任，而不是愛好，那麼這樣做可能並不適合。

睡眠

長期的壓力經常導致睡眠問題，這一點都不令人意外，畢竟壓力會觸發身體的戰鬥或逃跑反應。就像被犀牛追逐後很難放鬆和入睡一樣，從生理學角度來看，這正是許多人通宵準備演講簡報後的情況，他們上床睡覺時，已經筋疲力盡，但思緒仍然緊繃。身體的油門仍然在運轉。你在床上翻來覆去，難以釋放壓力的思緒。即使你成功睡著，可能兩個小時後就會因心悸而醒來。

每個人都會有失眠的時候。在壓力特別大的時期，經歷幾個糟糕的夜晚並不會對你造成長期的傷害。如果保持正常的睡眠習慣，你的身體會透過增加深度睡眠的比例或週末睡得更久來彌補失去的時間。可是，持續性的睡眠問題就會引起問題。

睡眠時，身體會進行自我修復。大腦也很活躍，清理廢物，處理當天的事件並將記憶儲存起來。換句話說，睡眠對於維持身體機能非常重要。情緒陷阱可能誘使你放棄睡眠，但這是一條危險的滑坡。睡眠不足使你更容易受到壓力的影響，降低表現——你可能不得不用更長的工作時間來彌補。如果睡眠問題持續存在，你遲早會筋疲力盡。如果你現在發現自己有這種情況，我強烈建議你預約醫師。

每個人的睡眠需求都不同。大多數成年人睡七到九個小時後會感到清醒。如果你在日常生活中表現良好，白天不會出現睡意，你可能已有足夠的睡眠。剛起床的警覺程度並不是評估睡意的良好指標。睡眠的神經傳導物質可能在大腦中停留一段時間，所以你醒來時感覺昏昏沉沉是正常的。

咖啡因是壓力上癮者最好的朋友。記住，即使你期待已久的咖啡因作用只持續了半小時，但咖啡因在體內的半衰期約為四到六個小時。這表示如果你一天之中喝了六杯咖啡，到了睡前仍有兩到三杯在你體內，不利於睡眠。

酒精通常會讓你更容易入睡。然而，與清醒入睡相比，酒後的睡眠會較淺眠，通常恢復力也比較差。

週日晚上難以入睡是很常見的，因為很多人會在星期天小睡一下。要避免星期一早上像行屍走肉一樣去上班，有個方法是試著在週末保持與平日大致相同的睡眠時間。大家常常低估了白天舉行的派對和早場電影馬拉松的樂趣。

睡個好覺！

你可以藉由一些基本原則來調節你體內的生理時鐘。

- 嘗試保持規律的睡眠時間，每天大約在同一時間上床睡覺和起床。
- 運動並確保白天能看到陽光，特別是在早晨。這有助於調節你的生理時鐘。
- 白天處理有壓力的事情，然後在睡前幾小時進行放鬆活動。讀一本書，喝杯花草茶，泡個澡。而且看在上帝的份上，睡前不要查看郵件。
- 幫助你的大腦將床與睡眠聯繫起來。如果可以的話，盡量在床以外的地方看電視或學習。只有睡覺時間到才上床睡覺。
- 把手機調成飛航模式或放在另一個房間，這樣你就不會受到晚上使用網路的誘惑。如果你睡眠有困擾，通常拿書來讀會比手上有著全世界的娛樂更好。

如何幫助朋友

單靠自己一人很難從壓力的情緒陷阱中解脫出來。你被困在狹窄的視野中，難以退一步重新評估情況。就像溫水煮青蛙一樣，你將每天壓力重重的生活視為理所當然，忽略了在為時已晚之前採取行動。

我們已經了解到，壓力是由不合理的要求、無法有效應對要求，以及沒有足夠的恢復三者結合起來造成的。身為朋友或親人，你可以幫助壓力人士解決這三個問題。我們先從要求開始。

在忙碌環境中工作的人很容易對現實產生扭曲的認知。他們認為老闆在半夜打電話來吼他們是合理的，或者認為他們有責任一次又一次彌補別人有缺陷的計畫。你可以指出這些情況並不正常，告訴他們有其他選擇，必須做出改變，讓他們回歸現實。

然而，陷入壓力情緒陷阱的人對建議不太感興趣。他們喜歡抱怨自己的壓力有多大，卻無視建議的解決方案。他們忙於被動應對，沒有精力做其他事情。在這裡，你必須從感同身受的傾聽開始，表明你理解情況有多艱難。當然，如果有簡單的解決方案，他們早就試過了。

只有當你表現出你了解情況，才能開始討論解決方案。先問問他們的看法；他們可能有些想法。他們可以做些什麼來一勞永逸地解決這個情況嗎？鼓勵他們找出問題的根源。這可以透過再次與他們的經理交談、尋找新工作、換一輛更便宜的車，或者其他方式來完成。

也許你可以幫忙跑腿、照顧孩子或以其他方式幫忙，直到情況平靜下來？還有其他人可以叫來幫忙嗎？從長遠來看，成為某人的枴杖並不是長久之計，因為這只會讓他們繼續陷入同樣的壓力困境。但是，暫時給予某人積極應對所需的喘息空間，通常是有價值的。

如果你的上司正在經歷困難時期，一直期望你介入並替他們承擔責任，這種情況也是一樣。這可能是一個臨時的解決辦法，但不是長久之計。向上司提出這個問題，如果沒有任何回應，你可能需要向他們的上級反映。

如果你和現在感覺壓力很大的人住在一起，你可能需要坐下來和他們討論你們的承諾。誰來負責什麼？也許你們會同意暫時分擔不均等的家務事，以幫助他們度過難關，但如果是這樣，要確定這種情況將持續多久。人們很容易用「事情很快就會好起來」來搪塞問題。但生活就在眼前，沒有人應該忍受生活在壓力的迷霧中，一個人承擔所有的家人和家庭責任。

解決壓力是第一步。第二步通常更加愉快：花時間恢復。

鼓勵你的伴侶重新開始慢跑。邀請你的朋友出去喝杯啤酒。主動幫忙照顧小孩，讓有年幼孩子的他們在餐廳裡享受幾個小時的寧靜——即使大家心知肚明，你的保姆工作最後可能會讓客廳被半瓶番茄醬弄得一團糟。

當你們出去玩得很開心時，不要談論讓你們感到有壓力的事情。如果不小心提到，也要保持簡短。把手機放在一邊，專注於生活中的其他事情，而不是眼下混亂的生活。

我們都會有壓力沉重的時期。這很正常，不必擔心——只要我們得到我們需要的恢復時間就好。留意壓力開始失控的跡象。這些跡象可能包括睡眠困難、不尋常的情緒波動、注意力和記憶困難，或眼皮跳動。那麼，就是時候拉下緊急煞車了。為了防止你所愛的人精疲力盡，需要進行改變。鼓勵他們尋求專業建議。這將使他們能夠檢討自己的情況，找到更好的方法來應對不健康的壓力。

第六章

八個常見挑戰

恭喜！希望你現在對如何在實踐中使用行為原則有了一點了解——特別是幫助提升自尊、動機和愉悅，減少焦慮和壓力。

也許你已經開始進行一些改變。也許你還在起跑線上猶豫不決。都沒關係。以下是你開始使用行為原則可能遇到的常見挑戰，以及如何應對這些挑戰。

我在嘗試，但太難了

對抗情緒陷阱的行為應該會讓人感覺奇怪和不舒服。就像重量訓練一樣，有阻力表示你在努力和成長。但不應該太困難。如果你用力過猛，你可能很快就會放棄；如果你從最小的重量開始，然後隨著時間增加重量，你會有更大的成功機會。

- **降低門檻**。對你來說，哪些小進步仍然很重要？從你知道自己可以應付的行為開始。治療蜘蛛恐懼症時，我們不一定要從面對活蜘蛛開始——對一些人來說，光是聽到「蜘蛛」這個詞或看到一張圖片就足以讓他們寒毛直豎。從那裡開始吧。

- **使用輔助輪**。我已經談了很多次避免採取安全行為和其他枴杖的重要性，因為它們會削弱行為原則的效果，但有時候你可能得稍微作弊才能開始。如果有朋友和你一起運動，會比較容易開始嗎？那通困難的電話可以改成發簡訊嗎？
- **增強你的韌性**。我們每個人都有對壓力敏感程度差異的時期。你可以透過規律飲食、盡量保證充足的睡眠和積極運動來增強你的韌性。建議在你感覺精神和體能狀態較好的時候安排行為練習。

我太衝動了

理論上，你或許贊同本書裡面的每一個字。但只要你的情緒一發作，生活就會變成一個充滿嫉妒、焦慮和情緒失控的戰場。也許你覺得自己根本沒有絲毫的機會阻止衝動。

如果你有控制衝動的問題，我衷心推薦正念訓練。我知道，這很難——在最需要的時候，練習最困難。如果你有重大問題，可以向專業人士尋求幫助。

有時被強烈的情緒壓垮是很正常的。記得要對自己憐憫——你已經盡你最大的努力。堅持下去！如果你繼續在較輕鬆的情況下練習，很快就能應對更大的挑戰。

我無法踏出第一步

我猜想，你一開始之所以拿起這本書，就是因為你有一個想要改變的行為模式。現在你已經從頭到尾讀完一遍，但還沒有開始實踐。接下來該怎麼辦？

- **從有趣的事情開始**。先從聽起來真的很吸引人的改變開始。如果你不想整晚都在滑手機，想找一個有吸引力的選項，那麼拿起《戰爭與和平》之類的文學巨著並不是一個好的開始。為什麼不從一本扣人心弦的驚悚小說或一場電影之旅開始呢？
- **調整門檻**。讓正確的事情變得更容易做！降低期望行為的門檻，例如報名參加一個課程。同時，提高不想要的行為的門檻，例如把分散注意力的東西收拾乾淨，或者向身邊的每個人宣佈你打算停止做什麼。

- **花點時間思考。**你還需要問自己：我真的想要改變嗎？這就引出了我們接下來要討論的問題。

我真的想要這樣嗎？

擁有工具並不表示你必須使用它。忽略行為原則，繼續沿用舊模式可能也會有好處。在心理治療中，我們常說附帶收獲（secondary gains），即從你的問題中獲得的好處，這些好處往往一開始並不明顯。也許你很喜歡扮演柔弱的受害者，讓你的伴侶成為勇敢的英雄，替你趕走黃蜂？

好好思考一下，這樣做是否值得。繼續保持現狀，你得到了什麼？你又錯過了什麼？當你了解到自己真正的動機，往往更容易做出有意識的決定，是要更努力地奮鬥，還是放棄。

我在嘗試，但沒有效果

也許你已經嘗試過行為原則，但對你沒有起作用。這通常是有以下原因：

- **你太快放棄了。**最常見的錯誤是在沒有立即見效時就放棄。你心想：這個方法對我沒用。於是你離開了派對、下了電梯、打電話給前任——卻沒有給這個方法一個充分的機會。給你的思想和感受一些時間去適應。完成這個練習，最好是進行三次。在那之後你才能評估好壞。
- **你忽略了微妙的行為。**另一個常見的錯誤是表面上運用行為原則，但暗地裡卻陷入情緒陷阱。也許你去了一場派對，卻一直迴避與人互動。想想看在這種情況下感到自在的人會怎麼做？
- **你在處理錯誤的事情。**遺憾的是，行為原則不是萬靈丹。也許你並不是過於敏感，而是你的朋友真的冒犯到你。持續透過「停下來」原則來了解問題所在，以及評估行為原則是不是正確的解決方案。如果你有一個不友善的朋友，學會忍受他們的侮辱並不是解決辦法——你需要開始維護自己的尊嚴。此外，別忘了一些心理問題是醫學原因引起的（例如缺乏維生素D可能會讓人非常疲倦）。如果你不確定，請諮詢醫療專業人員。

如果沒有人喜歡新的我怎麼辦？

在一個群體或人際關係中被賦予特定的角色是很常見的，而且別人會默默期望你永遠扮演那個角色。當角色突然轉變時，變化可能會引起混亂。如果你不再待到酒吧打烊，也許別人會說你變得無聊。也許當你突然開始學習空中特技時，你的家人會想知道你發生了什麼事。

先從聽起來真的很吸引人的改變開始。

如果變化不是太劇烈，通常過一段時間後，你會適應新的角色。調整可能會很難，但你們的友誼可能有比一起喝酒更深厚的基礎。

如果沒有，那你就得問問自己這段關係是否值得。你是否願意放棄自己想要的東西來維護這段關係？有時答案是肯定的。有時，解決方法是各奔東西。

實在太沉重了

這本書不能取代治療。如果你感到非常痛苦和／或在日常生活中有困難，恐怕這本自助書籍無法解決你的所有問題。請聯繫醫師或治療師。他們可以幫助你，並建議你可以獲得哪些進一步的支持。祝你好運！

不允許挫折發生

雖然聽起來有點奇怪，但心理師通常會對個案在治療過程中遇到挫折抱持積極的看法。挫折往往極具啟發性。

生活不斷地變化。衝突、工作變動、疾病和危機……有時你會重新陷入舊模式。但這些挫折都是很好的機會，可以重新審視你的策略，在未來做出改進。

然後還有「管他的」效應。這是指你在遇到一點點挫折時就放棄，變得更加沉迷於負面行為。問題在於你的反應，而不是挫折本身。

遇到挫折時，可以停下來思考。盡量以書面回答以下問題：

- 是什麼因素導致了這次挫折？是你所處的環境？刺激你的事情？還是某個人？
- 可以怎樣防止同樣的事情再次發生？
- 如果你又犯了同樣的錯誤，早期警告信號會是什麼？
- 如果你注意到這些警告信號，你應該怎麼做才能避免再次跌倒在同一個障礙上？

結語

我寫這本書是為了你，也為了我自己、你隔壁的鄰居，以及所有偶爾在淋浴間哭泣、懷疑自己或在人生的障礙賽道上苦惱的數百萬人。

生活帶給我們沉重的打擊，我們的情緒也是如此。在你離開這個世界之前，你會經歷多次嫉妒、憤怒和蔑視的感受。而且很遺憾，我必須說，你可能還沒有看到焦慮、厭惡或絕望的最後一面。

但是，情緒也可以是美好的。你會有歸屬感、充滿力量和勇氣的時刻。更不用說驚奇、陶醉和深刻平靜的寶貴時刻。如果你願意，你可以學會喚起更多這些情緒。盡力讓那些更困難的感受變得更少、更溫和、更短暫。

思想和情緒會伴隨你度過一生。它們是你的夥伴，幫你勘察、詮釋並驅使你採取行動。有時候，他們可能變成你最大的敵人，會試圖說服你留在熟悉的道路上，或者在午餐前就吃掉你的午餐，或者走進最黑暗的洞穴，難以尋找出路。

當你的思想和情感頑固地停滯不前，並指向錯誤的方向時，不要跟隨！

它們可能會給人叛徒的感覺，但實際上，你的思想和情緒是你最堅定的盟友。即使它們可能有些魯莽——在那個黑暗的洞穴中，你會怎麼做呢？儘管它們有缺陷，它們是忠實的朋友，始終把你的最佳利益放在心上，所以要聽聽它們的意見。有時候，允許自己被它們的熱情帶走，探索新的道路，但當你的思想和情緒頑固地停滯不前，並指向錯誤的方向時，不要跟隨！它們可能固執己見，但你是握有地圖的人，最終知道自己要去哪裡的人。給它們一個安心的微笑，向相反的方向走去，朝著你選擇的目的地。你會發現，它們時常會聳聳肩，然後繼續跟隨著你。

我不知道你會選擇哪條路。也許你想要突破極限，看看自己能走多遠。馴服恐懼，激發動力，征服每一個挑戰。過一種非凡的生活，這種生活將寫入歷史書中。或者也許你想待在原地。在原地四處張望，一旦思想和情緒的喧囂安靜下來，你會有一種新的平和，充分利用當下的存在和寧靜。

無論你選擇哪條道路，我希望你已經獲得了一些工具，幫助你前行。這些知識太寶貴了，不能僅限於治療室之內。你無法選擇你的思想和情緒，但你可以邀請它們沿著新的道路前行，並發現它們多麼頻繁接受這個邀請。

羅森堡自尊量表

以下是關於你對自己感受的十個敘述。請勾選最適合你的選項。當你回答完所有的敘述後，加總你所勾選的選項中的分數。你可以在下方計算你的得分。

		非常同意	同意	不同意	非常不同意
1	我覺得自己是有價值的人，至少與他人平起平坐。	3	2	1	0
2	我覺得自己有很多優點。	3	2	1	0
3	整體而言，我容易覺得自己是個失敗者。	0	1	2	3
4	我能夠像大多數人一樣做好事情。	3	2	1	0
5	我覺得自己沒有什麼值得驕傲的地方。	0	1	2	3
6	我對自己抱持積極的態度。	3	2	1	0
7	整體而言，我對自己感到滿意。	3	2	1	0
8	我希望我能更尊重自己。	0	1	2	3
9	有時候我確實覺得自己沒用。	0	1	2	3
10	有時候我覺得自己根本一無是處	0	1	2	3

自尊量表計分結果

0–15 分：自尊較低

15–25 分：自尊平均

25–30 分：自尊較高

致謝

這本書中最重要的見解和工具並不是我自己的——它們是經過重新包裝的認知行為治療，我所做的只是挑選包裝紙並打上了蝴蝶結。所有的功勞都歸於傑出的講師、作家、研究人員、同事和導師們，他們耐心地將所有初出茅廬的心理學學生納入羽翼之下，並栽培學生成為成熟的心理師。謝謝你們！你們的研究和臨床技能拯救了生命。

衷心感謝我的個案們。你們每個星期展現出勇氣、毅力和力量，即使生活在最艱難的時刻，仍然讓我感到驚訝。能夠參與你們的成長過程，我深感榮幸，我一生中最驕傲的時刻，就是我們為你完成的作業擊掌慶祝的時候。我同意——坦誠這些事確實有點不舒服。作家都會希望能夠公正呈現自己的主題，我非常感激所有專家們從世界領先的研究和臨床時間中抽出時間，閱讀這篇原稿並提出評論。感謝瑞典最鼓舞人心的認知行為治療講師喬納斯・拉姆內勒（Jonas Ramnerö）（序的部分）；敏銳而足智多謀的馬格努斯・林德瓦（Magnus Lindwall）（自尊的部分）；以效率見稱的格哈德・安德森（Gerhard Andersson）（愉悅的部分）；亞歷山大・羅贊塔爾（Alexander Rozental）（動機的部分），他在瑞典出版的著作《Dancing on the Deadline》，是我極力推薦關於拖延症的書籍；派爾・卡爾布林（Per Carlbring）（焦慮的部分），儘管忙於繁重的研究工作，他卻總能迅速回覆郵件；柯斯汀・耶丁（Kerstin Jeding）（壓力的部分），她是溫暖和智慧的完美代表；瑞典對研究工作生活貢獻良多的克里斯汀・厄斯特（Kristin Öster）（壓力的部分），以及後設研究（meta-research）的領軍人物古斯塔夫・尼爾森（Gustav Nilsonne）（睡眠的部分）。

特別感謝我以前的指導教授林妮亞・科爾伯格（Linnea Kollberg）和心理師利芙・史維爾斯基（Liv Svirsky），在這本書的想法還只是一粒小種子時，給予我的支持和鼓勵。希望有一天，我能像你們一樣成為優秀的心理師。

還要感謝卓越的出版商塞西莉亞・維克倫德（Cecilia Viklund）和編輯麗絲洛特・溫伯格・拉姆伯格（Liselott Wennborg Ramberg），謝謝他們對我的信任和反饋。你們證明了團隊合作是寫作的最佳方式。同樣感謝波尼爾・法克塔（Bonnier Fakta）的其他明星們：佩爾・李利亞（Per Lilja）、伊娃・林德伯格（Eva Lindeberg）、索菲亞・霍爾林（Sofia Heurlin）、瑪格達琳娜・赫格倫（Magdalena Höglund）和埃琳娜・波齊諾娃（Elena Bozinova），感謝你們幫助更多人分享這份知識。衷心感謝Lagom 團隊。寫這本書時，我作夢也沒想到它有一天會在英國出版。特別感謝我的翻譯安妮・普賴姆（Annie Prime），英勇地保護我的獨特風格不被遺失在翻譯中，以及我的出版商米歇爾・西格諾瑞（Michelle Signore）對這本書的信任。

這本書是全球疫情大流行期間寫成的，這段日子我秉持著在「愉悅」章節中學到的課題，保持健康度過了這段時間。感謝 Neurora、讀書會和 Salongen，他們陪伴了整個過程，給予我支持，最重要的是給予我生活的意義和能量。

亞當斯密 41

情緒陷阱

臨床心理學家教你重寫情緒劇本，遠離脫軌人生

The Emotional Trap

作者 希莉．赫勒（Siri Helle）
譯者 陳珮榆

堡壘文化有限公司
總編輯 簡欣彥
副總編輯 簡伯儒
責任編輯 簡伯儒
行銷企劃 游佳霓、黃怡婷
封面設計 萈蠹工作室
內頁構成 李秀菊

出版 堡壘文化有限公司
發行 遠足文化事業股份有限公司（讀書共和國出版集團）
地址 231新北市新店區民權路108-3號8樓
電話 02-22181417
傳真 02-22188057
Email service@bookrep.com.tw
郵撥帳號 19504465遠足文化事業股份有限公司
客服專線 0800-221-029
網址 http://www.bookrep.com.tw
法律顧問 華洋法律事務所 蘇文生律師
印製 韋懋實業有限公司
初版1刷 2025年2月
定價 新臺幣400元
ISBN 978-626-7506-58-5

有著作權 翻印必究
特別聲明：有關本書中的言論內容，不代表本公司／出版集團之立場與意見，文責由作者自行承擔

Copyright © Siri Helle, 2022
First Published by Bonnier Fakta, Stockholm, Sweden
Published in Complex Chinese language by arrangement with Bonnier Rights, Stockholm, Swenden and with The Grayhawk Agency.

國家圖書館出版品預行編目（CIP）資料

情緒陷阱：臨床心理學家教你重寫情緒劇本，遠離脫軌人生／希莉．赫勒（Siri Helle）著；陳珮榆譯. -- 初版. -- 新北市：堡壘文化有限公司出版：遠足文化事業股份有限公司發行, 2025.02
面； 公分. --（亞當斯密；41）
譯自：The emotional trap
ISBN 978-626-7506-58-5（平裝）

1.CST: 情緒管理 2.CST: 心理治療

176.5 114000240